虛數

觀念伽利略03 完整數的世界

U0076756

人人出版

前言

　　所謂虛數，意指「平方為負之數」。在國中所學到的一般整數，都是正數相乘得正，而負數相乘亦得正。也就是說，非 0 之數在平方（同數相乘）之後，必然成為正數。因此，在一般的數當中，無法找到所謂的「平方為負之數」。那麼，我們到底為什麼必須探討相異於一般數的虛數呢？

　　其實，虛數在科學的領域中，扮演著相當重要的角色。舉例來說，如果想要用物理學解開微觀世界之謎，就必須用虛數進行運算。此外，亦有物理學家提出理論，我們所生活的宇宙在誕生之際，流動著「虛數時間」。

　　本書將搭配輕鬆的四格漫畫和插圖，介紹如此奧妙的虛數。相信在看完本書時，必定能實際感受到虛數的重要性。歡迎您一起暢遊虛數的奇幻世界！

觀念伽利略03　完整數的世界

虛數

緒論

1　這就是虛數！……………10

2　虛數的誕生，來自於無解的問題 ……………12

3　用面積思考「和為 10，積為 40」……………14

專欄　在日本用來表示面積的單位 ……………16

1. 虛數就這樣誕生了！

1　布滿數線的「實數」世界 ……………20

2　有 4000 年歷史的 2 次方程式 ……………22

3　古代美索不達米亞人早已解開 2 次方程式 ……………24

4　若沒有「平方為負之數」，便無法解答 ……………26

5　最先出現虛數的書：《大術》……………28

6　卡當諾創造了虛數 ……………30

7　以「公式解」求解卡當諾問題！① ……………32

8　以「公式解」求解卡當諾問題！② ……………34

9　以「公式解」求解卡當諾問題！③ ……………36

Q 答案為虛數之方程式 ……………38

A 答案為虛數？……………40

10 笛卡兒把虛數稱為「子虛烏有的數」……………42

11 沃利斯利用負面積把虛數正當化 ……………44

12 歐拉用「i」作為表示虛數的符號！……………46

4格漫畫 背約的卡當諾 ……………48

4格漫畫 虛數是現代生活中不可或缺的一部分 ……………49

2. 捕捉虛數的「樣貌」

1 利用數線將負數視覺化 ……………52

2 虛數出現於數線之外 ……………54

3 由實數與虛數混合構成的複數 ……………56

專欄 複數是虛數嗎？……………58

4 利用箭頭思考「實數」的加法 ……………60

5 利用箭頭思考「複數」的加法 ……………62

專欄 滑鼠的單位是「米奇」……………64

3. 以旋轉與放大進行複數運算！

1   負數的乘法運算是讓複數平面上的點旋轉 180 度 ⋯⋯⋯⋯⋯68

2   虛數「i」的乘法運算是讓數線上的點旋轉 90 度 ⋯⋯⋯⋯⋯70

3   用 i 與複數進行乘法運算 ⋯⋯⋯⋯⋯72

4   用複數與複數進行乘法運算 ⋯⋯⋯⋯⋯74

5   若用「$3 + 2i$」進行乘法運算，北斗七星將旋轉放大 ⋯⋯⋯⋯⋯76

專欄   北斗七星曾是皇帝的座車？⋯⋯⋯⋯⋯78

6   以複數平面確認「卡當諾問題」① ⋯⋯⋯⋯⋯80

7   以複數平面確認「卡當諾問題」② ⋯⋯⋯⋯⋯82

專欄   虛數有大小嗎？⋯⋯⋯⋯⋯84

專欄   高斯平面的發現者 ⋯⋯⋯⋯⋯86

8   用「複數平面」來尋寶 ⋯⋯⋯⋯⋯88

9   用「複數平面」來尋寶 Step1 ⋯⋯⋯⋯⋯90

10   用「複數平面」來尋寶 Step2 ⋯⋯⋯⋯⋯92

11   用「複數平面」來尋寶 Step3 ⋯⋯⋯⋯⋯94

Q   按鈕在哪裡？⋯⋯⋯⋯⋯96

A   順利脫困！⋯⋯⋯⋯⋯98

專欄   所謂的第二虛數是不存在的嗎？⋯⋯⋯⋯⋯100

4格漫畫   才華洋溢的高斯 ⋯⋯⋯⋯⋯102

4格漫畫   計算星體的出現時刻 ⋯⋯⋯⋯⋯103

4. 現代科學與虛數

1　探索微觀世界的「量子力學」……………106

2　沒有虛數，便無法說明電子行為 ……………108

3　宇宙初始時，物理法則是不成立的？……………110

4　在宇宙誕生之際，可能流動著虛數時間 ……………112

5　宇宙初始因虛數時間而變得「平滑」……………114

6　結合虛數與波的「歐拉公式」……………116

7　若想解析波與波動，絕對不能缺少歐拉公式 ……………118

8　全世界最美算式「歐拉恆等式」……………120

專欄　為什麼虛數跟自然界有關呢？……………122

4格漫畫　薛丁格的小孩 ……………124

4格漫畫　薛丁格的貓 ……………125

緒論

所謂的虛數（imaginary number），是乍看之下似乎不
存在的神祕之數。到底為什麼這樣的數有存在的必要呢？
在緒論中，將介紹16世紀由義大利數學家所設計，沒有
虛數便無法解答的問題。

這就是虛數！

宛如妖怪之數

虛數的「虛」字在字典裡有空虛、虛無以及不真實的意思。如果只看虛數這兩個字，可能會誤以為是「不存在之數」或「非真實之數」，就跟妖怪給人的印象一樣。

虛數正如其名，看起來就像是「不存在之數」，因為所謂的虛數，是指「平方為負之數」。

平方為負之數

所謂的「平方」（square），就是同數自乘。比如說 2 的平方數為 4（$2^2 = 2 \times 2 = 4$）。那麼，什麼樣的數在平方之後會變成負數呢？

首先，我們先試著將屬於負數的 -1 相乘，可以得到 $(-1)^2 = (-1) \times (-1) = +1$ 的結果，答案並不是負數。當然，將正數或 0 相乘，同樣也不會得到負的結果。**即使找遍所有的正數及負數，根本無法發現任何「平方為負之數」的蹤跡！**

平方為負之數

　　－ 1 的平方為＋ 1，＋ 1 的平方也是＋ 1，0 的平方則為 0。而平方之後為負的神祕之數，就是虛數。

$$(-1) \times (-1) = +1$$
$$(+1) \times (+1) = +1$$
$$0 \quad \times \quad 0 \quad = 0$$
$$? \quad \times \quad ? \quad = -1$$

不論如何思考，所有的數在平方之後應該都是正的，不可能為負。如此不可思議的數，在這世上真的存在嗎……？

2 虛數的誕生
來自於無解的問題

和為10，積為40的兩數分別是？

在16世紀出版的數學書籍《大術》（Ars Magna，原意為偉大的技藝）中，提出了下列問題：「已知有兩數，相加為10，相乘為40。問這兩數分別為多少？」

首先，先思考答案為 5 和 5 的情況。5 加 5 等於10，但兩數相乘為25並不符合條件。因此，接著找「比 5 大 x 的數（5 $+x$）」及「比 5 小 x 的數（5$-x$）」的組合，且兩數相乘須為40。若代入國中所學的公式 $(a+b)(a-b)=a^2-b^2$，那麼相乘的答案則為 $(5+x)(5-x)=5^2-x^2=25-x^2$。

若有虛數，無解的問題也能迎刃而解

由於 x^2 必定是正數，因此 $25-x^2$ 會是比25更小的數，絕對無法達到40。也就是說，這個問題沒有答案。然而，在《大術》中卻記載了具體解答。在書中登場的就是「平方為負之數」，也就是我們要討論的「虛數」。《大術》正是描述虛數能解開無解之題的第一本書籍。

應為無解的問題

若以國中國小程度的數學思考，應該是無解的問題。然而在《大術》中卻記載了具體解答。而這個解答正是「平方為負之數」，也就是「虛數」。

在《大術》中所記載的原文（拉丁文）

將 10 分為兩數，並使兩數之積（相乘的答案）為 40。

divide 10 in duas partes, ex quarum unius in reliquam ducto, produatur 40

$$A + B = 10$$

$$A \times B = 40$$

用一般方式思考的話，是無法找到 A 與 B 兩數的組合吱。

3 用面積思考「和為 10，積為 40」

將兩數以四邊形的「長」與「寬」來思考

在前頁中曾提到「和為10，積為40之兩數」是沒有答案的，讓我們一起用四邊形（quadrilateral）面積確認這個說法吧！將兩數當作四邊形的「長」與「寬」的長度來思考，**也就是說只要找出符合「長＋寬＝10」且「長×寬＝40（四邊形面積）」的四邊形即可。**

首先以正方形探討。由於「長＋寬＝10」，因此長與寬各為5。此時面積為25，因此並未滿足問題的條件。

長方形中以正方形的面積最大

接著思考「長＋寬＝10」的長方形吧！例如，長7×寬3的長方形面積為21。長2×寬8的長方形面積為16。**如前所述，「底邊＋高＝10」的長方形，無論哪種組合面積皆小於25。**也就是說，在「底邊＋高＝10」的長方形中，以正方形的面積最大。

由此可知，「底邊與高總和為10，面積超過25的長方形是不存在的」。也就是說，如果用面積去思考這個問題，將無法得到答案。

以四邊形問題的角度來思考

本篇利用「長＋寬＝10」之四邊形的面積，思考「和為
10，積為40之兩數」的無解問題。在所有面積當中，以
面積為25的正方形最大。然而面積為40的四邊形並不存
在。

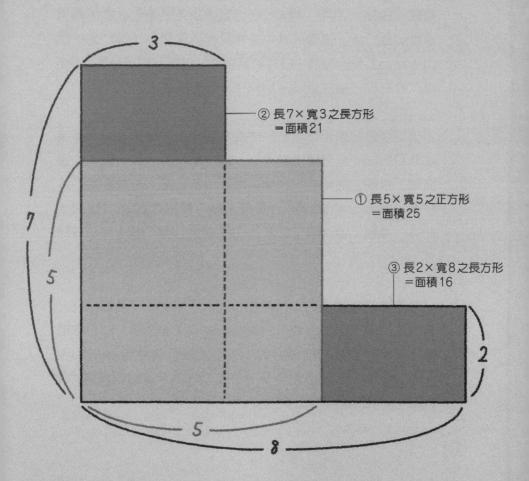

3

② 長7×寬3之長方形
＝面積21

① 長5×寬5之正方形
＝面積25

③ 長2×寬8之長方形
＝面積16

7

5

2

5

8

在日本用來表示面積的單位

在日本，目前仍利用傳統的單位表示土地面積大小。**一般來說，房間大小用「疊」；住宅地大小用「坪」；農地則用「畝」或「反」表示。**其中最常見的應該就是「疊」吧！然而事實上 1 疊的面積，根據地區及住宅種類不同而分為 4～5 種，約為1.45平方公尺～1.82平方公尺之間。

榻榻米是日本傳統和室的地板材料，主要材料為燈心草或藺草和布，一張榻榻米的大小，即相當於疊，其中最大的是名為「京間」的尺寸，在關西地區相當普遍。一般認為「江戶間」是為了節省材料，而將 1 間（榻榻米長邊）縮短。此外，還有「中京間」以及比江戶間更小的「團地間」等尺寸。

台灣和日本通用的面積單位為坪，1 坪約3.3平方公尺。這個大小是來自於合併 2 張榻榻米所取得的面積。而日本的單位「步」與坪的面積相同，但用於表示農地面積。30步（坪）為 1 畝，10畝為 1 反，10反為 1 町。**1 町則相當於 1 公頃（約10000平方公尺）。**

表示土地面積的單位

		面積
疊	京間	約1.82平方公尺
	中京間	約1.66平方公尺
	江戶間	約1.55平方公尺
	團地間	約1.45平方公尺
坪・步		約3.31平方公尺
畝		約99.17平方公尺（30坪）
反		約991.74平方公尺（10畝）
町		約9917.36平方公尺（10反）

1. 虛數就這樣 誕生了！

只要利用平方為負之數，即虛數，便能解開自古以來一直無解的問題。而察覺到這件事情的是16世紀的義大利數學家——卡當諾（Gerolamo Cardano，1501～1576）。在第1章中將介紹虛數是如何誕生的。

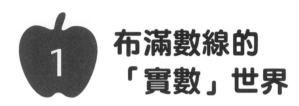

布滿數線的「實數」世界

在數學領域中最早發現的是「自然數」

在發現虛數之前，這一路是如何走過來的呢？讓我們簡單地了解一下其中歷史吧！**在數學領域中，最早的重要發現就是自然數（正整數，natural number）1, 2, 3……等數。**人們產生了數的概念，並能使用較大的數字。然而，如果想要用數字表示長度，還需要其他說法表示 1 與 2 或 3 與 4 之間的長度。因此 $\frac{2}{3}$ 或 $\frac{1}{4}$ 等以分數表示之數（有理數，rational number）便因此誕生。

發現在數線外的數——「虛數」

之後，人們發現了有些數無法以分子、分母是整數的分數來表示。比如圓周率 π 或 2 的平方根（$\sqrt{2}$）等，用小數表示時，小數點以下的數字將無限持續絕不循環，這些數稱為「無理數」（irrational number）。**接著零與負數也成為數的一員，而有理數及無理數所構成的數皆為「實數」（real number）。**透過實數，能完整填滿表示數值的「數線」（number line）。

此外，人類進一步發現在數線外的數。此數正是本書的主題——「虛數」。

數的世界之發展

從 1 , 2 , 3 ……等自然數開始，人類陸續發現有理數、無
理數及負數。這些數稱為實數。而人類也進一步發現不
屬於實數的「虛數」。

發現數

自然數
1, 2, 3……

發現有理數

有理數	
自然數 1, 2, 3……	$\frac{3}{5}$ 0.25

發現無理數

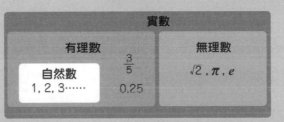

發現負數

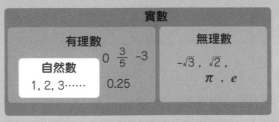

發現虛數

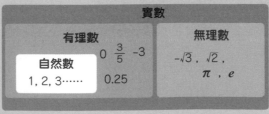

21

有 4000 年歷史的 2 次方程式

自古以來便存在著 2 次方程式的概念

在緒論中介紹了「和為10，積為40之兩數為何」的問題。相乘後的$25-x^2=40$可當作「2 次方程式」（quadratic equation）來思考（第12頁）。所謂「2 次方程式」，就是以移項或合併同類項的方式運算，並能變化為

$$ax^2+bx+c=0 \ (a \neq 0)$$

之形式的方程式。

自古以來便存在著 2 次方程式的概念。距今約4000年前的古代美索不達米亞文明，在一塊黏土板「BM13901」上，竟出現 2 次方程式的問題。

求解方程式 $x^2-x=870$

在黏土板BM13901上記載了以下敘述：「從正方形面積扣除其中一邊長後為870。求正方形之一邊長為多少。」

將此問題以現代形式表示的話，就是「求解方程式$x^2-x=$ 870」。（續下頁）

古代的 2 次方程式

古代美索不達米亞文明的黏土板上，記載著下列 2 次方程式問題：「從正方形面積扣除其中一邊長後為870。求其一邊長為多少。」將此問題改以算式表示的話，可寫成 $x^2-x=870$。

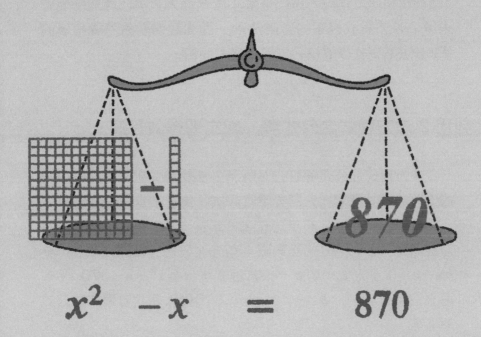

$$x^2 \quad -x \quad = \quad 870$$

原來在古代美索不達米亞的時代，方程式通常以文章形式出現啊！

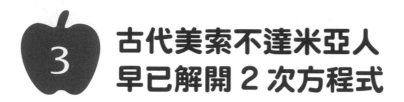

古代美索不達米亞人早已解開 2 次方程式

美索不達米亞人已知必勝法則

　　距今約4000年前的古代米索不達米亞人，早已得知能輕鬆求得 2 次方程式答案的必勝法則。這和我們在數學課所學的「2次方程式之公式解」本質上是相同的。

利用 2 次方程式之公式解，能立即得到答案

　　2 次方程式之公式解如右頁所示。即使是乍看之下有點複雜的 2 次方程式問題，只需套用此公式，便能立即求得答案。

　　那麼讓我們利用 2 次方程式之公式解，求出剛才提到的 2 次方程式 $x^2-x=870$ 的答案吧！首先，先將方程式換成 $ax^2+bx+c=0$ 的形式，如此一來方程式遂變為 $x^2-x-870=0$。再來只需將 $a=1$，$b=-1$，$c=-870$ 代入 2 次方程式之公式解即可。

　　最後，我們可以求得 $x=30$，-29。而BM13901上的問題是求一邊長度，所以答案應為正數。因此，正確答案為30。

2 次方程式之公式解

我們將利用 2 次方程式之公式解，求出上一頁介紹的 2 次方程式：$x^2 - x = 870$的答案。先把方程式換成 $ax^2 + bx + c = 0$ 的形式，再將 a，b，c 的數值代入公式便能簡單地得到答案。

將此方程式改寫為「$x^2 - x - 870 = 0$」。

再將 $a = 1$，$b = -1$，$c = -870$ 代入下列 2 次方程式之公式解。

$$x = \frac{-b \pm \sqrt{b^2 - 4ac}}{2a}$$ ……2次方程式之公式解

$$= \frac{-(-1) \pm \sqrt{(-1)^2 - 4 \times (1) \times (-870)}}{2 \times (1)}$$

$$= \frac{1 \pm \sqrt{3481}}{2} = \frac{1 \pm 59}{2} = 30, -29$$

答 　1 邊的長度應為正數，故答案為30

4 若沒有「平方為負之數」，便無法解答

負數的概念終於被大眾所接受

　　長期以來在歐洲並沒有「負數」的概念，比如像「7－9」這樣的減法運算便無法求得答案。然而，在 6 世紀由印度發明的「零」進入歐洲後，大眾也接受了負數的概念，於是便能求出「7－9」此減法運算的答案為「－2」。**因此，實數經四則運算（加法、減法、乘法、除法）後的答案，一定能在實數範圍內發現。**

在實數中找不到 2 次方程式的答案

　　然而，有些問題只靠實數仍無法解答。在緒論中介紹的「和為10，積為40之兩數為何？」正屬於此類問題。如同第12頁的內容，將前述問題改寫為「若$25-x^2=40$，試求 x 之值」。接著把算式移項後可得「$x^2=-15$」。意即「找出平方之後為－15之數」。但在實數當中，平方之後為－15之數並不存在。所以此 2 次方程式的答案，絕對沒辦法在實數中發現。**若沒有平方為負之數（虛數），便無法解答。**

只靠實數無法解答的問題

實數經四則運算後的答案，一定能在實數範圍內發現。
然而，在 2 次方程式當中，只靠實數無法解答的問題仍
然存在。

$$25 - x^2 = 40$$

$$x^2 = -15$$

平方為負的實數並不存在

→這個問題的答案並不在實數當中

二次方程式中，有些答案雖然能在實
數中發現，但也有在實數中無法找到
的答案吱。

5　最先出現虛數的書：《大術》

16世紀的義大利數學家帶領數學蓬勃發展

　　促使中世紀歐洲數學蓬勃發展的中心人物，就是16世紀的義大利數學家們，而米蘭醫師兼數學家的卡當諾正是其中一人。卡當諾研究同時代數學家馮塔納（Niccolò Fontana，別名塔爾塔利亞，1499～1557）發明的「3次方程式之公式解」，並於1545年出版的數學書籍《大術》中介紹。

虛數於《大術》中登場

　　在《大術》一書中，記載了3次方程式和4次方程式的解法及練習問題。由於這本書在後世廣為流傳，原本由塔爾塔利亞發明的3次方程式之公式解，現在則被稱為「卡當諾公式」。而這本《大術》，正是「平方為負之數」──虛數首次登場的書籍。

虛數首次登場的書籍

米蘭數學家卡當諾出版了數學書籍《大術》。平方為負之虛數首次在此書中登場。

《大術》（偉大的技藝）
這本是卡當諾於 1545 年撰寫的數學書籍。書中記載著 3 次方程式和 4 次方程式的解法，以及能用此解法解開的練習問題。

米蘭的醫師兼數學家。在機率論（probability theory）及靜力學（statics）上也有輝煌成果的全能學者。然而，私生活中卻沉迷於賭博導致身敗名裂。後來甚至預言自己的死期，並為了證明預言無誤而絕食，最後果真在預言當天死亡。

卡當諾
（1501～1576）

6 卡當諾創造了虛數

卡當諾寫下答案為「5+√−15」與「5−√−15」

　　卡當諾在數學書籍《大術》中提到了下列問題:「和為10,積為40之兩數為何?」我們無法從一般的數(實數)當中找到此問題的答案。然而,卡當諾卻提出如右頁所示的解法,**並寫下「5+√−15」與「5−√−15」應為正確答案。**

兩數的確滿足條件

　　卡當諾甚至在《大術》記載了以下描述:「如果忽視我自己精神上的痛苦,這兩數相乘後可得40,確實滿足問題的條件。」**卡當諾表示如果提出√−15這個虛數,便能得到問題的答案。**然而,他也附註了以下內容:「這個答案是詭辯。就算數學精密到如此程度,也無法實際運用。」

卡當諾利用虛數解題

針對「和為 10，積為 40 之兩數為何？」的問題，卡當諾
利用虛數引導出正確答案。

卡當諾的解法

問題　試求和為10，積為40之兩數

解法

先找出「比 5 大 x 之數」及「比 5 小 x 之數」的組合，且兩數相乘須為 40。若將這兩數以（5+x）、（5−x）表示則為

$$(5+x)\times(5-x)=40$$

再將國中所學公式（$a+b$）×（$a-b$）=a^2-b^2 代入左邊的算式則為

$$5^2-x^2=40$$

因5^2 = 25故上式為 $25-x^2=40$

移項後可得 $$x^2=-15$$

x 為「平方之後為−15 之數」。卡當諾將「平方之後為−15 之數」用「$\sqrt{-15}$」來表示。並將「比 5 大 x 之數」及「比 5 小 x 之數」的組合寫成「$5+\sqrt{-15}$」與「$5-\sqrt{-15}$」作為答案記載於書中。

答　兩數為

$$5+\sqrt{-15} \text{ 與 } 5-\sqrt{-15}$$

記載於《大術》的答案
由於當時沒有根號（$\sqrt{\ }$），因此採用了從「根」的拉丁文Radix而來的記號「Rx」。而加號為「p:」，負號則以「m:」表示。

$5\ p : R\, m : 15$

$5\ m : R\, m : 15$

7 以「公式解」求解卡當諾問題！①

代換為只有 A 的 2 次方程式

卡當諾提出的問題是「試求和為10，積為40之兩數」。本篇將利用第25頁介紹的 2 次方程式之公式解來解開這個問題。

以 A，B 代表兩數，再將問題以算式表示則為

$A + B = 10$ ……①

$A \times B = 40$ ……②

由於有兩個未知數，因此將 B 從算式②中消除。從①求得 $B = 10 - A$ 後再代入算式②，即可消除 B，變成只有 A 的 2 次方程式「$A \times (10 - A) = 40$」。

將算式改為「$aA^2 + bA + c = 0$」的形式

為了能利用 2 次方程式之公式解求解，接著將只有A的 2 次方程式改為「$aA^2 + bA + c = 0$」的形式。改寫後為

$-A^2 + 10A - 40 = 0$

後續接下頁。

為利用公式解做準備

以 A 和 B 代表卡當諾問題的答案進行解題。首先，為了能套用 2 次方程式之公式解，先將算式改為「$aA^2 + bA + c = 0$」的形式。

問題　試求和為 10，積為 40 之兩數

解法

$$A + B = 10 \quad \cdots\cdots ①$$
$$A \times B = 40 \quad \cdots\cdots ②$$

由於有兩個未知數，因此將 B 從算式②中消除。

從①求得 $B = 10 - A$ 後再代入算式②，即可消除 B，變成只有 A 的 2 次方程式。

$$A \times (10 - A) = 40$$

拿掉括號後為

$$A \times 10 - A \times A = 40$$

為了能套用公式解，將算式改為「$aA^2 + bA + c = 0$」的形式後如下：

$$-A^2 + 10A - 40 = 0$$

以「公式解」求解卡當諾問題！②

將 $a = -1$、$b = 10$、$c = -40$ 代入公式

將在上一頁導出的 2 次方程式

$$-A^2 + 10A - 40 = 0$$

以「2 次方程式之公式解」求解。**將 $a = -1$、$b = 10$、$c = -40$ 代入公式，則如右頁所示，可求得 A $= 5 \pm \sqrt{-15}$。**

從「$A = 5 \pm \sqrt{-15}$」求 B 值

接下來，我們用算式 $B = 10 - A$ 試求 B 值。當 $A = 5 + \sqrt{-15}$ 時，可求得 $B = 5 - \sqrt{-15}$；另一方面，當 $A = 5 - \sqrt{-15}$ 時，則 $B = 5 + \sqrt{-15}$。**因此，可知所求之兩數為 $5 + \sqrt{-15}$ 和 $5 - \sqrt{-15}$。**

利用2次方程式之公式解

將 2 次方程式 $-A^2 + 10A - 40 = 0$ 以 2 次方程式之公式解求解。將 $a = -1$，$b = 10$，$c = -40$ 代入公式即可求得答案。

$$A = \frac{-b \pm \sqrt{b^2 - 4ac}}{2a}$$

將 $a = -1$，$b = 10$，$c = -40$ 代入則為

$$= \frac{-10 \pm \sqrt{10^2 - 4 \times (-1) \times (-40)}}{2 \times (-1)}$$

$$= \frac{-10 \pm \sqrt{100 - 160}}{-2} = \frac{-10 \pm \sqrt{-60}}{-2}$$

$$= \frac{-10 \pm \sqrt{4 \times (-15)}}{-2} = 5 \pm \sqrt{-15}$$

因 $B = 10 - A$

故 $A = 5 + \sqrt{-15}$ 時，則 $B = 5 - \sqrt{-15}$

$A = 5 - \sqrt{-15}$ 時，則 $B = 5 + \sqrt{-15}$

答　　兩數為 $5 + \sqrt{-15}$ 和 $5 - \sqrt{-15}$

以「公式解」求解 卡當諾問題！③

確認兩數是否正確

　　將卡當諾「試求和為10，積為40之兩數」的問題，利用「2次方程式之公式解」計算，可求得兩數為
　　　$5+\sqrt{-15}$　和　$5-\sqrt{-15}$
接下來讓我們確認此答案是否正確吧！

求得兩數之和為10，乘積為40

　　首先，先確認兩數相加是否為10。
　　　$(5+\sqrt{-15})+(5-\sqrt{-15})=10$
如上所示，兩數相加後為10。
　　其次，再確認兩數相乘是否為40。
　　　$(5+\sqrt{-15})\times(5-\sqrt{-15})=5^2-(-15)$
　　　　　　　　　　　　　　　　　$=40$
如上所示，兩數相乘後為40。
　　由以上可知 $5+\sqrt{-15}$ 和 $5-\sqrt{-15}$ 確實為卡當諾問題之解答。

實際計算確認是否正解

分別驗算兩數相加是否為10，以及兩數相乘是否為40，由此確認卡當諾問題的解答是否正確。

答

兩數為 $5+\sqrt{-15}$ 和 $5-\sqrt{-15}$

確認

相加是否為10？

$$(5+\sqrt{-15})+(5-\sqrt{-15})=10$$

相乘是否為40？

$$(5+\sqrt{-15})\times(5-\sqrt{-15})=5^2-(-15)$$
$$=40$$

兩數確實相加後為10，相乘後為40！看似無解的 2 次方程式，如果使用虛數便能求得答案呢！

答案為虛數之方程式

　　伊東正在玩手機。此時，酒井靠了過來。

酒井：伊東，你在玩什麼啊？

伊東：喔，我最近常玩這個遊戲，超好玩的！

酒井：真的嗎？是什麼遊戲啊？

伊東：這是用兩個角色合體創造新角色的遊戲啦！合體前
　　　的角色上都有數字表示他的能力，兩個角色的數字
　　　相加後會成為新角色的攻擊力，相乘後則成為防禦
　　　力。昨天我做的新角色攻擊力是20，然後防禦力有

Q　試求和為 20，積為 120 之兩數。

120喔！

酒井：嗯？這樣的話那兩個原本的角色能力是多少啊？有
數字是相加等於20且相乘等於120的嗎？

伊東：我不記得了耶……不過如果用 2 次方程式的話應該
算得出來吧！

酒井：對喔，我都忘了你數學很強……。

那麼，請問原本角色的能力數字分別是多少呢？

答案為虛數？

A $\quad 10 + 2\sqrt{-5}$ 和 $10 - 2\sqrt{-5}$

首先，先將兩數用 A 和 B 表示。相加為 20 且相乘為 120 的算式表示如下：

$A + B = 20$，$A \times B = 120$，

其次，用 B 表示 A。

從 $A + B = 20$ 可知 $B = 20 - A$。

將其代入 $A \times B = 120$，

則為 $A \times (20 - A) = 120$，拆開括號計算，

則為 $A \times 20 - A \times A = 120$，

也就是 $-A^2 + 20A - 120 = 0$。

利用 2 次方程式之公式解計算

針對 $-A^2 + 20A - 120 = 0$，利用 2 次方程式之公式解求解。

$$A = \frac{-b \pm \sqrt{b^2 - 4ac}}{2a}$$

$$= \frac{-20 \pm \sqrt{20^2 - 4 \times (-1) \times (-120)}}{2 \times (-1)}$$

$$= \frac{-20 \pm \sqrt{400 - 480}}{-2} = \frac{-20 \pm \sqrt{-80}}{-2}$$

$$= \frac{-20 \pm \sqrt{4 \times (-20)}}{-2} = 10 \pm \sqrt{-20} = 10 \pm 2\sqrt{-5}$$

如上所示，以 2 次方程式之公式解求解，

可得 $A = 10 \pm 2\sqrt{-5}$。

再將其代入 $B = 20 - A$，

則 $A = 10 + 2\sqrt{-5}$ 時，$B = 10 - 2\sqrt{-5}$，

而 $A = 10 - 2\sqrt{-5}$ 時，$B = 10 + 2\sqrt{-5}$。

由此可知兩數為 $10 + \sqrt{-20}$ 和 $10 - \sqrt{-20}$。

酒井：這兩個數……不管哪一個都是虛數吧？用虛數表示能力，

　　　也不知道這樣到底是強還是弱耶……。

伊東：我想，可能就像魔法一般的力量吧？

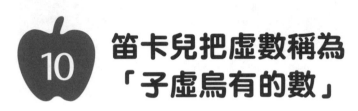

笛卡兒把虛數稱為
「子虛烏有的數」

笛卡兒對虛數抱持著否定的態度

當「負數的平方根」在卡當諾的著書上登場後，數學家們其實並沒有立即接受。

比如說像是法國哲學家兼數學家的笛卡兒（René Descartes，1596～1650），就站在否定虛數的立場。

把虛數稱為「子虛烏有的數」

笛卡兒認為「負數的平方根」無法在圖上表示，並用含有否定意義的「子虛烏有的數」（法文為numbre imaginaire）一詞來稱呼。這就是英文虛數「imaginary number」的由來。

此外，據說被譯為「虛數」一詞後在中國廣為大眾使用，直到19世紀後才傳入日本。

最初被否定的虛數

笛卡兒把虛數稱為「子虛烏有的數」。其理由在於「負數
的平方根無法在圖上表示」。這其中包含了否定的意義。

虛數是「子虛烏有的數」
以「我思故我在」聞名的法國
哲學家笛卡兒，也是首位提出
「所有幾何圖形問題皆能轉換
為代數問題」的知名數學家。
笛卡兒將負數的平方根稱為
「子虛烏有的數」。

笛卡兒
（1596～1650）

nombre imaginaire
imaginary number

笛卡兒對虛數抱持著否定的態度。

11 沃利斯利用負面積 把虛數正當化

面積為負的正方形邊長為？

英國數學家沃利斯（John Wallis，1616～1703）因發明無限大符號「∞」而廣為人知，他為了把虛數正當化，便提出以下觀點。

「某人獲得面積1600的土地，但之後失去了面積3200的土地。整體而言某人所得之面積能以－1600表示。若這塊土地為正方形，則應有邊長。既非40，亦非－40。**其邊長應為負的平方根，也就是 $\sqrt{-1600} = 40\sqrt{-1}$」。**

沃利斯嘗試接納虛數

以上論述可說是詭辯，並不需要認真看待。然而，由此可以感受到沃利斯努力嘗試接納虛數的存在。

關於「失去的土地」一問

相對於對虛數持否定態度的笛卡兒，英國數學家沃利斯提出關於「失去的土地」一問，努力嘗試接納虛數的存在。

失去的土地之邊長為虛數？
英國數學家沃利斯透過思考面積為負的土地之邊長，想把虛數正當化。

沃利斯
（1616～1703）

失去的土地
（面積 1600 的正方形）

原來也有像沃利斯這樣想要接納
虛數意義的學者啊！

12 歐拉用「i」作為表示虛數的符號！

勇於探索虛數的歐拉

　　針對被否定的虛數，勇於進行研究探討的是，出身於瑞士的偉大數學家歐拉（Leonhard Euler，1707～1783）。歐拉利用他天才般的計算能力，解開虛數具有的重要性質。歐拉將「-1的平方根」即$\sqrt{-1}$訂為「虛數單位」，並採用imaginary一字之開頭「i」作為虛數的符號。

找出「全世界最美算式」

　　歐拉經過多年研究，最終找到被譽為「全世界最美算式」的「歐拉恆等式：$e^{i\pi}+1=0$」（Euler's identity）。最基本的自然數「1」、由印度發明的「0」、圓周率「$\pi=3.14\cdots\cdots$」以及自然對數的底「$e=2.71\cdots\cdots$」等四個重要的常數雖然起源各自不同，但藉由「虛數單位i」，只需一個算式便能簡潔地將其串連。

致力於研究虛數的歐拉

瑞士數學家歐拉面對被否定的虛數，仍熱衷於進行研究探討。他解開虛數性質之謎，並將$\sqrt{-1}$訂為「虛數單位」i。

制定虛數單位 i 的歐拉
於1748年發現「歐拉公式」的數學家。他在1738年右眼失明，1766年雙眼全盲。然而令人驚訝的是，他撰寫論文及創作的速度不減反增，據說其生涯所完成的著作，有一半以上是全盲後靠口述筆記所留下的作品。

歐拉
（1707～1783）

歐拉恆等式

$$e^{i\pi}+1=0$$

背約的卡當諾

記載在這本書中

雖然3次方程式的解法被命名為「卡當諾公式」……

但最先發現解法的是數學家馮塔納（別名塔爾塔利亞）

我可以教你但不能告訴別人喔！

明明馮塔納再三叮嚀「絕對不要公開」，但卡當諾卻還是公諸於世。

這小子居然背叛我！

馮塔納非常生氣。於是向卡當諾下了挑戰書，要求在公開討論會中互相出題較勁！

然而，卡當諾並沒有現身。

過了5個月卡當諾才提出答案。而且據說答案幾乎都是錯的。

虛數是生活中不可或缺的一部分

2.捕捉虛數的「樣貌」

由於虛數無法用視覺化的方式呈現，很難令人接受。然而，高斯等多位數學家湧現了劃時代的創意，主張「虛數在數線之外」，這讓虛數在數學領域最終獲得自己應有的權利。在第 2 章中將介紹捕捉虛數樣貌的方法。

利用數線將負數視覺化

人無法接受不能以視覺化呈現的事物

在歐拉提出虛數的重要性之後，仍有許多學者並不認同虛數的存在。**這是因為雖然正數可以透過「個數」或「線的長度」表示，但虛數卻無法做到。**如果無法將物體以視覺化方式呈現，就算有人強調其重要性，大眾依然難以接受它的存在。

實數可於數線上表示

實數可以利用「個數」或「線的長度」表示。從代表零的點（原點）往右延伸的箭頭為正實數，而負實數則為反方向的箭頭。

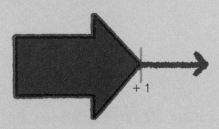

正實數是「往右的箭頭」
畫一個長度適中的往右箭頭。並將此箭頭設為「＋1」，當作正數單位，那麼就能以此為基準在圖上畫出各種正數。

「數線」的發明讓人們接受了負數的觀念

在當時的歐洲，人們同樣也無法認同「負數」的存在。因為大眾無法理解什麼是「－3顆蘋果」或「－1.2公尺的棍棒」。

將負數視覺化的學者是法國的數學家吉拉德（Albert Girard，1595～1632）。**吉拉德主張如果從代表零的原點往右方延伸的箭頭是正數的話，那麼負數則可用反方向（左）的箭頭來表示。**於是展現所有實數的「數線」便因此誕生。歐洲社會也藉此機會終於接受了負數的觀念。

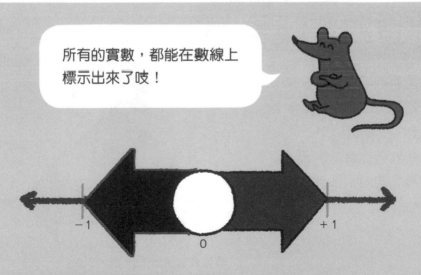

所有的實數，都能在數線上標示出來了吱！

負實數是「往左的箭頭」
留下代表零的點，並將此訂為「原點」。再從原點往跟＋1箭頭反方向延伸直線並標上箭頭。將此箭頭設為「－1」當作負數單位，接著就能以此為基準在圖上標示各種負數。這條直線便稱為「數線」，能顯示所有實數。

2 虛數出現於數線之外

數線上沒有虛數的容身之地

隨著表示所有實數的「數線」誕生，歐洲社會終於接受負數的觀念。那麼，要怎麼做才能將虛數用圖表示呢？

在實數中，「負數的平方根」並不存在。因此，乍看之下數線上沒有一個地方能當作虛數的安身之處。於是，丹麥的測量技師韋賽爾（Caspar Wessel，1745～1818）提出了

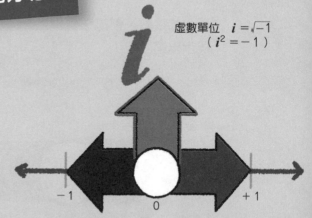

虛數在數線的哪個地方呢？

虛數並不在數線上。於是韋賽爾突發奇想：「把數線外——也就是從原點往上延伸的箭頭當作虛數就好了！」

虛數單位 $i = \sqrt{-1}$
（$i^2 = -1$）

虛數在數線之「外」！
從原點正上方畫出延伸的箭頭，其長度與＋1、－1箭頭相同。把此箭頭當作「－1 的平方根（$\sqrt{-1}$）」，並訂為虛數的單位 i，就能在圖上表現出各式各樣的虛數（$2i, \sqrt{3}\,i$）。

以下觀點：「虛數不在數線上的任何地方。那麼，何不把數線外——從原點向上延伸的箭頭，用來表示虛數呢？」

擁有兩個坐標軸的平面讓虛數成為「看得見的存在」

不出所料，韋賽爾提出的這個觀點非常成功。水平的數線用來表示實數，若再從代表零的原點垂直做出另一數線表示虛數的話，就能完成擁有兩個坐標軸的平面。使用這個平面，便能在圖上畫出虛數。虛數就能成為「看得見的存在」。

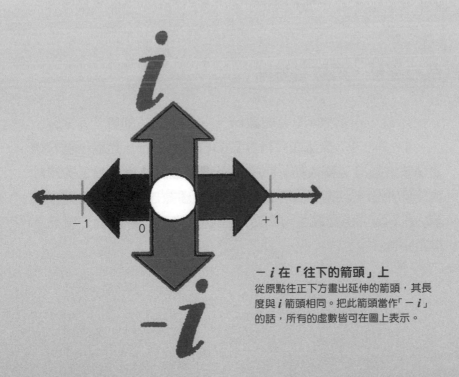

$-i$ 在「往下的箭頭」上
從原點往正下方畫出延伸的箭頭，其長度與 i 箭頭相同。把此箭頭當作「$-i$」的話，所有的虛數皆可在圖上表示。

3 由實數與虛數混合構成的複數

結合實數與虛數而成的新數概念

法國會計師阿爾甘（Jean-Robert Argand，1768～1822）及德國數學家高斯（Carl Friedrich Gauss，1777～1855）也各自與韋賽爾同時找到了相同的概念。由於他們的發現，虛數成為看得見的數字，並給予虛數在數學界中應有的權利。高斯把平面上的點所表示的數取名為「複數」（德文為Komplex Zahl）。所謂的複數（英文為complex number），就是由實數與虛數兩項要素結合而成的新數概念。

實數為橫軸，虛數為縱軸

比如說，用實數4加上虛數$5i$（$=5\sqrt{-1}$）的數「$4+5i$」（$=4+5\sqrt{-1}$）無法在只有實數的數線上表示。然而，若準備了由實數數線（實數軸）的橫軸及虛數數線（虛數軸）的縱軸構成的平面，就能以實數座標為 4 及虛數座標為$5i$的點來表示「$4+5i$」這個數字。高斯所發明的這個座標平面，就稱為複數平面。

「複數」與「複數平面」

將複數 4+5i 標示於複數平面上。複數平面以實數的數線為橫軸，虛數的數線為縱軸。而 4+5i 可以用離原點橫向 4 格、縱向 5 格的點來表示。

複數平面

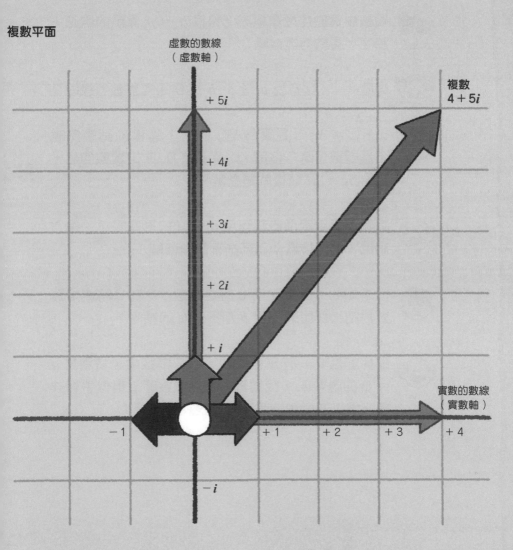

虛數的數線
（虛數軸）

$+ 5i$

複數
4 + 5i

$+ 4i$

$+ 3i$

$+ 2i$

$+ i$

實數的數線
（實數軸）

-1 $+1$ $+2$ $+3$ $+4$

$-i$

複數是虛數嗎？

 複數由實數加虛數構成，是以 $a + bi$ 表示的數吧！那麼，複數算虛數嗎？

 嗯嗯……，比方說 a 是 3、b 是 0 的複數會怎樣呢？

 $3 + 0 = 3$。3 是實數吧！啊……這樣的話複數就不是虛數了嗎？但是，如果 a 是 0、b 是實數的話，$a + bi = bi$ 這樣就是虛數……

 哈哈！實數跟虛數都可用 $a + bi$ 的形式表示。換句話說，這兩種數都包含在複數裡面喔！

 原來如此。所以 a 為 0 時是虛數，b 為 0 時就是實數對吧！那如果 a 跟 b 都不是 0 的話呢？

 那樣的話 $a + bi$ 就是虛數了。在虛數中，特別是 $a = 0$ 的虛數 bi，我們稱它為純虛數喔！但似乎有許多人誤以為虛數這個詞只代表純虛數呢！

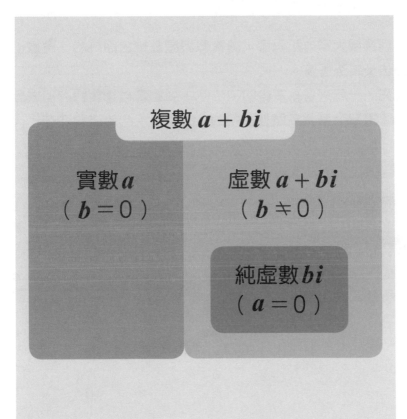

複數 $a + bi$

實數 a
（ $b = 0$ ）

虛數 $a + bi$
（ $b \neq 0$ ）

純虛數 bi
（ $a = 0$ ）

4 利用箭頭思考「實數」的加法

加法就是把箭頭連接起來的工作

本篇要跟大家一起思考，由實數與虛數結合而成的「複數」之加法及減法運算。

首先，一起來看看實數的加法吧！**我們可以把實數的加法思考為「數線上兩個箭頭連接相加」**的運算，此加法需要在「代

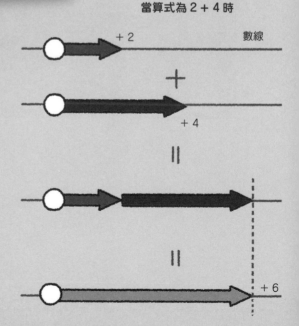

針對實數加法的思考方式

我們可以用圖來思考實數加法。可將加法思考為「數線上兩個箭頭連接相加的動作」。

當算式為 2 + 4 時

+ 2   數線

+ 4

+ 6

表 2 的箭頭」終點（前端）接上代表 4 的箭頭。而答案則為連接後之箭頭前端所表示的「6」（如下方左圖）。

負數也能利用箭頭進行加法運算

其次，再來看看負數的加法吧！譬如 2＋(－4) 會如何呢？跟先前一樣，將代表－4 的箭頭移到「代表＋2 的箭頭」之終點。如此一來，我們可以知道答案為連接後之箭頭前端所表示的「－2」（如下方右圖）。

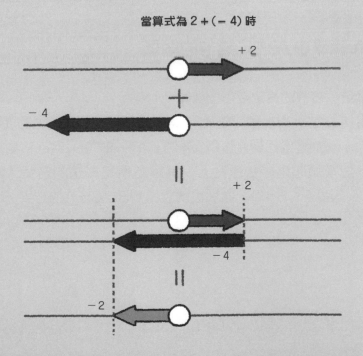

當算式為 2＋(－4) 時

5 利用箭頭思考 「複數」的加法

複數的加法運算，也和實數相同

在上一篇，我們可知實數的加法就是「數線上兩個箭頭連接相加的動作」（第60頁）。

而複數的加法，其實也和實數一樣，可將其思考為「複數平面上兩個箭頭連接相加的動作」。例如在（5＋2i）＋（1＋4i）的加法運算中，將「代表 1＋4i 的箭頭」平行移動至「代表 5＋2i 的箭頭」終點，將兩者連接相加，便可得到答案為 6＋6i。

C－A就是由A往C延伸的箭頭

那麼，複數的減法要怎麼做呢？

例如在右頁的複數平面上，計算複數C扣掉複數A的（C－A）時，先畫出「由A往C延伸的箭頭」即可。平行移動此箭頭，把箭頭起點停在原點上，其終點便是減法的答案（複數B）。因為A＋B＝C，當然也就會得到B＝C－A的結果。

針對複數加法的思考方式

下圖表示複數的加法運算。複數的運算也和實數相同，可
將其思考為「複數平面上兩個箭頭連接相加的動作」。

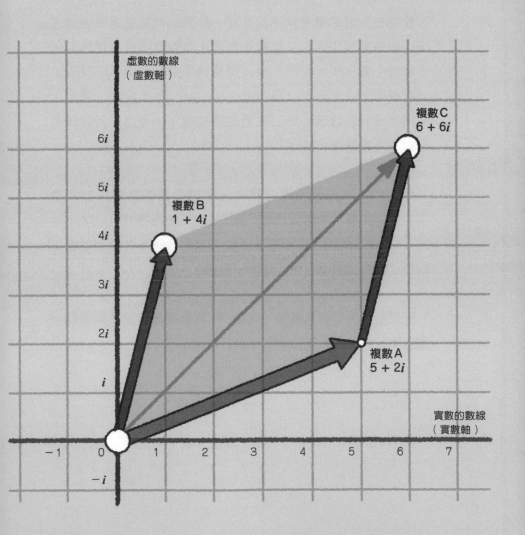

虛數的數線
（虛數軸）

複數C
6 + 6*i*

複數B
1 + 4*i*

複數A
5 + 2*i*

實數的數線
（實數軸）

6*i*

5*i*

4*i*

3*i*

2*i*

i

−*i*

−1　　0　　1　　2　　3　　4　　5　　6　　7

滑鼠的單位是「米奇」

説到在生活周遭最常見的箭頭，應該就是電腦滑鼠的游標吧！也許有不少人每天都會看到它。電腦原本是用鍵盤輸入「指令」來操作，然而，由於美國蘋果公司採用了在視窗上以直覺操作的「GUI」（Graphical User Interface，圖形化使用者介面）程式，外形像老鼠的機器——滑鼠也因此成為電腦不可或缺的一部分。

最初的滑鼠，是透過測量內部球體旋轉的移動距離而製成。**此移動距離的單位稱為「米奇」。**1 米奇為100分之 1 英吋，約0.25毫米。然後將每移動 1 米奇，視窗上的游標會移動多少點數之數值，以「米奇／點數比」表示。

至於為什麼單位名稱是「米奇」，當然是起源於「米老鼠」囉！據說命名的人是美國微軟公司的程式設計師。

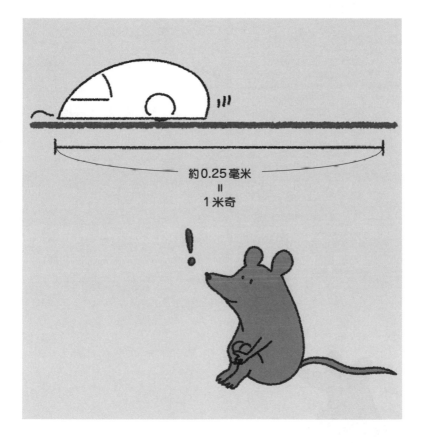

約0.25毫米
=
1米奇

3. 以旋轉與放大進行複數運算！

使用第 2 章介紹的複數平面，就能以視覺化的方式呈現複數的運算。在本章中，將針對複數的乘法運算加以探討。

負數的乘法運算是讓複數平面上的點旋轉180度

負負得正比較方便計算

為什麼負負會得正呢？

其實負數乘以負數並不一定要成為正數。所謂數學的規則，說到底就只是個「約定俗成的事情」。因此，創造一個「負負得負」的數學世界也不是不可能。然而，這樣一來要進行的運算將會非常複雜。因此，還是負負得正比較符合自然法則，也

－1的乘法運算為180度旋轉

當複數平面上的＋1乘以－1時，原點周圍將旋轉180度變－1。接著再次乘以－1的話，則又旋轉180度變為＋1。

1. 當＋1乘以－1時，以原點為中心旋轉180度變為－1。

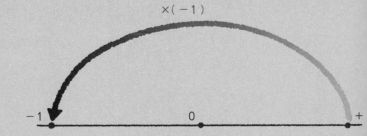

×（－1）

－1　　　　　0　　　　　＋

便於計算。

＋1乘以－1時，旋轉180度即為解答

那麼，一起來看看在複數平面中負負得正的樣貌吧！

當＋1乘以－1時，原點周圍將旋轉180度變為－1（如下方左圖）。接著－1再次乘以－1，則又旋轉180度回到＋1（如下方右圖）。在複數平面上，我們的視線能跟著移動，觀察上述乘了2次，從－1後回到＋1（負負得正）的過程。

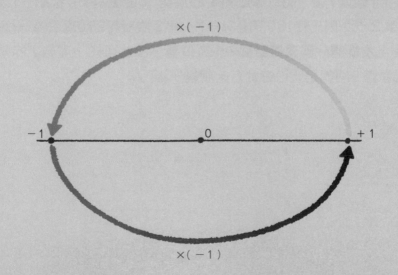

2. 再次乘以－1後，又旋轉180度回到＋1。

2 虛數「i」的乘法運算是讓數線上的點旋轉90度

「虛數 i」要乘幾次才能回到＋1呢？

　　這次來看看＋1乘以「虛數 i」的情況吧！

　　所謂的 i 就是「平方之後為−1之數」。因此，＋1乘以 i 經過 2 次後，就變為−1（$1 \times i^2 = -1$）。然後＋1乘以 i 經過 4 次後，則回到＋1（$1 \times i^4 = 1$）。也就是說，每乘 1 次 i，就是360度的四分之一，即旋轉90度。

虛數 i 的乘法運算為逆時針方向旋轉 90 度

　　那麼試著用複數平面確認吧！

　　＋1乘以 i 後，將以原點為中心旋轉90度變為 i。若把＋1以 i 乘 2 次，則旋轉180度變為−1。乘 3 次旋轉270度變為−i，乘 4 次旋轉一圈確實回到＋1的位置。由此可知，虛數 i 的乘法運算，可說是「逆時針方向旋轉90度」。

i 的乘法運算為旋轉 90 度

下圖表示＋1乘以虛數 *i* 的過程。＋1每乘以 *i*，便在原點
周圍以逆時針方向旋轉90度。

1. 1 乘以 *i*，旋轉 90 度變為 *i*。

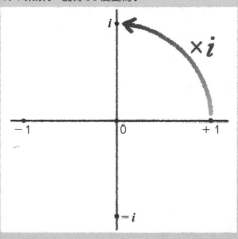

2. *i* 乘以 *i*，旋轉 90 度變為－1。

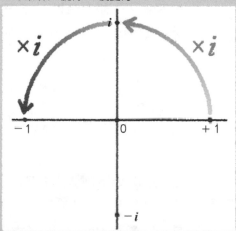

3. －1 乘以 *i*，旋轉 90 度變為－ *i*。

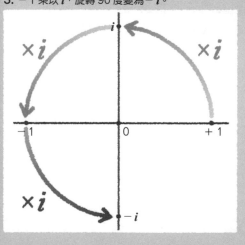

4. － *i* 乘以 *i*，旋轉 90 度變為＋1。

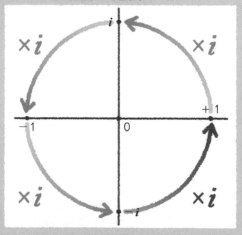

3 用 i 與複數進行乘法運算

觀察數線上的實數乘法運算

　　接下來，一起思考以 $a+bi$ 形式表示的複數乘法運算吧！

　　先觀察數線上的實數乘法運算（如右頁圖1）。舉例來說，在（＋2）×（－3）＝（－6）此算式中，我們要將數線上表示（＋2）的箭頭長度延長3倍。**由於被乘數為負數，因此需將箭頭逆轉180度。**

以 i 乘複數則旋轉90度

　　其次再看看複數乘以「虛數 i」時的情形吧！

　　譬如在（3＋2i）× i ＝（－2＋3i）的算式中，**如右頁圖2所示，在複數平面上（3＋2i）的點將逆時針旋轉90度。**與前一頁所看到的變化相同，以 i 相乘就是在複數平面上旋轉90度的意思。

針對複數乘法運算的思考方式

我們在複數平面上表示（＋2）×（－3）＝（－6）和（3＋2i）×i＝（－2＋3i）兩式。數值乘以 i 時，平面上的點將旋轉90度。

1.（＋2）×（－3）＝（－6）

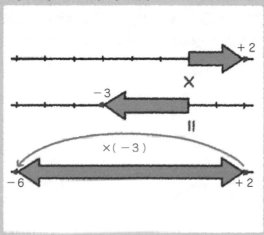

2.（3＋2i）×i＝（－2＋3i）

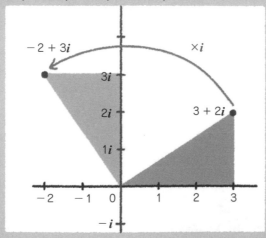

4 用複數與複數進行乘法運算

以複數（$3+2i$）進行乘法運算

　　如第70～73頁所示，複數平面上的點若與「虛數 i」相乘，所有的點都會逆時針旋轉90度。那麼除了虛數 i 之外，接下來讓我們一起思考若複數平面上的點乘以複數（$3+2i$）時會有什麼結果吧！譬如把 1、（$1+i$）、i 各自乘以複數（$3+2i$）。其結果可得（$3+2i$）、（$1+5i$）、（$-2+3i$）。

複數平面將旋轉並放大

　　將前述的三個乘法運算以圖表示後如右頁。請注意由原點 0、1、（$1+i$）、i 所構成的正方形。若將各個點乘以 $3+2i$，**「原點與 1 的連接線段」則變為「原點與 $3+2i$ 的連接線段」，由此可知正方形會旋轉並放大。**針對複數平面上由多點構成的圖形，用複數進行乘法運算時，此圖形會維持相似的形狀並旋轉放大（或縮小）。

圖形的旋轉和放大

把 1、(1 + *i*)、*i* 三點乘以 3 + 2*i* 之乘法運算如下圖所示。可知在乘以 3 + 2*i* 後，原本的三點與原點構成的正方形會旋轉並放大。

$1 \times (3 + 2i) = (3 + 2i)$
$(1 + i) \times (3 + 2i) = 3 + 2i + 3i - 2 = (1 + 5i)$
$i \times (3 + 2i) = 3i + 2i \times i = (-2 + 3i)$

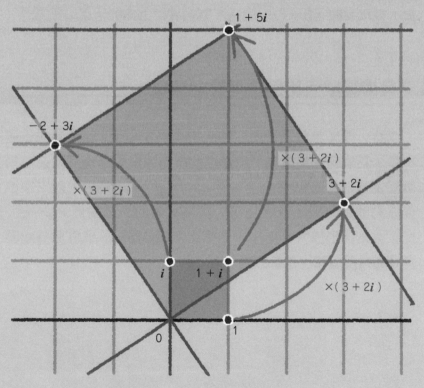

若用「3 + 2*i*」進行乘法運算，北斗七星將旋轉放大

將小北斗七星與（3+2*i*）進行乘法運算

如前頁所示，進行複數的乘法運算時，由複數的點構成的圖形會旋轉並放大（或縮小）。譬如把右頁右下方的小北斗七星，乘以複數（3+2*i*）的話，就會變成上方的大北斗七星。

旋轉角度與放大比例依乘數之複數決定

此時，作為乘數之複數（在此例中為3+2*i*）與原點的連接線段，和橫軸（實數軸）所形成的夾角就是旋轉角度。這個角度稱為複數的「輻角 θ」（argument θ）。此外，乘數之複數與原點的距離即為放大比例，稱為複數的「絕對值 r」。若 r 比 1 大則圖形放大，比 1 小則縮小。換句話說，北斗七星以輻角 θ 的角度旋轉，並放大為 r 倍。

北斗七星乘以 3 + 2*i*

若將右下角的小北斗七星乘以複數（3 + 2*i*），則會變為上方的大北斗七星。

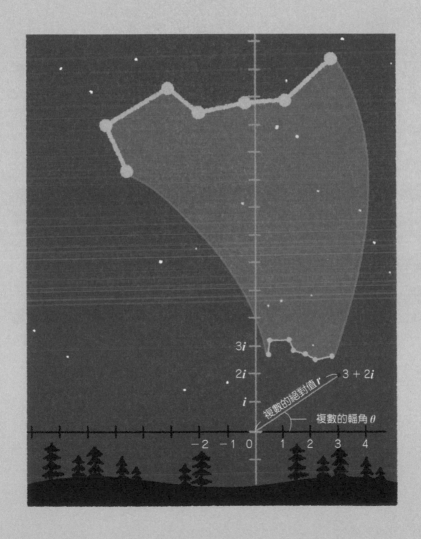

北斗七星曾是皇帝的座車？

說到北斗七星，經常被比擬為杓子（斗是用來舀水的杓子）。**但除了杓子，在世界各地亦將其比擬為各式各樣的事物。**其中，把北斗七星當作車子的地區不在少數，例如古代巴比倫尼亞、斯堪地那維亞、中國及英國等，皆流傳著北斗七星是神話或傳說中皇帝的座車。

古時的車子，大多是用牛或馬拉動的車子。一般認為，除了北斗七星其特殊的形狀和車子側邊的形狀相似之外，也會在北極星的周圍繞圈旋轉，因此才誕生座車的傳說。

一方面，北斗七星是「大熊座」的一部分。據說創造大熊座的是古代希臘人。**對於他們來說，北斗七星看起來就像是熊的尾巴吧！**相反地，聽說在法國普遍認為，北斗七星的四角部分是偷牛賊，而柄的部分則被當作是追捕小偷的人。

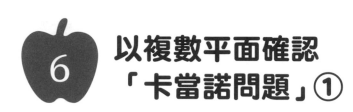

6 以複數平面確認 「卡當諾問題」①

在複數平面上確認相加為10的條件

關於在第30頁等多頁中介紹的「卡當諾問題」，在本章將利用複數平面確認「$5+\sqrt{-15}$」（$=5+\sqrt{15}i$）及「$5-\sqrt{-15}$」（$=5-\sqrt{15}i$）是否為正確答案。

卡當諾問題為「和為10，積為40之 A 與 B 兩數為何？」（若以算式來表示的話則為：$A+B=10$，$A\times B=40$，則 A 與 B 兩數為何？）

首先，先在複數平面上確認 $A=5+\sqrt{15}\,i$ 與 $B=5-\sqrt{15}\,i$ 相加是否為10。

將複數平面上的兩個箭頭連接相加

複數的加法運算，如第62～63頁所示，能思考為「將複數平面上的兩個箭頭連接相加的動作」。**也就是說，只要將「表示$5+\sqrt{15}i$的箭頭」之終點，連接「表示$5-\sqrt{15}i$的箭頭」並相加即可。**由圖可知，如此便能確認 $A+B$ 的答案為10。

利用複數平面確認加法運算

複數的加法運算，就是「將複數平面上的兩個箭頭連接相加的動作」。將「表示$5+\sqrt{15}i$的箭頭」之終點，連接「表示$5-\sqrt{15}i$的箭頭」並相加。如此一來，箭頭的前端會落在10的位置。

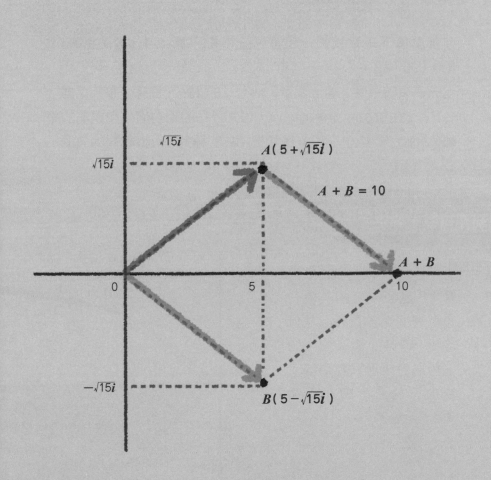

7 以複數平面確認 「卡當諾問題」②

確認 $A \times B$ 可得40

　　那麼接下來讓我們一起確認在複數平面上 $A \times B$ 是否為40吧！（如下圖）

　　先在複數平面上畫出表示 $5+\sqrt{15}i$ 的 A 點。根據「畢氏定理」（Pythagorean theorem），可知 A 點的絕對值（與原點的距離）為 $\sqrt{5^2+\sqrt{15}^2}=\sqrt{40}$。接著把 A 點的輻角（與橫軸間的角度）

利用複數平面確認複數的乘法運算

0、1、A 各點乘以複數 B。3 點所構成的灰色三角形會旋轉 $-\theta$ 度，並且放大 $\sqrt{40}$ 倍。最終灰色的三角形變成形狀相似的粉紅色三角形。由此可知 $A \times B$ 之值為40。

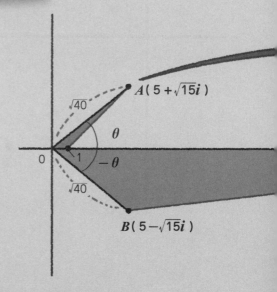

當作 θ 吧！另一方面，再畫出表示$5-\sqrt{15}i$的B點，其絕對值和A點相同皆為$\sqrt{40}$。而B點的輻角大小與A點輻角相同但方向相反，因此將其當作$-\theta$。

$A \times B$ 的絕對值為 40，輻角為 0

再來思考0、1、A各點乘以複數B的情況。由此3點構成的三角形（下圖的灰色三角形）乘以B時將旋轉$-\theta$度（B的輻角），並且放大$\sqrt{40}$倍（倍數為B的絕對值）。其變化後的結果與粉紅色的三角形一致。此時，點$A \times B$與原點的距離為40，輻角為0。而這個點正代表實數40。如此一來，我們便能確認$A \times B = 40$。

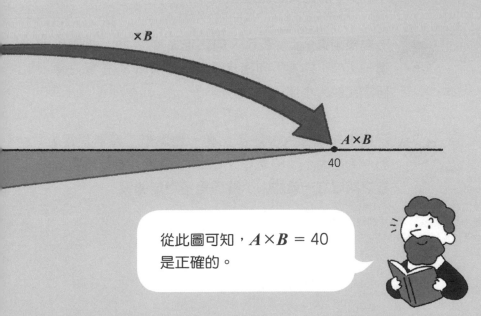

×B

$A \times B$
40

從此圖可知，$A \times B = 40$ 是正確的。

虛數有大小嗎？

 i 與 $-i$ 相比，i 的值比較大嗎？

 唔，我們先將複數平面當作東西南北的地圖來思考吧！如果目的地在東方，「向東前進 1 步」和「向東前進 -1 步」哪個比較有利呢？

 當然是「向東前進 1 步」啊！

 你說得沒錯！那麼「向東前進 i 步」和「向東前進 $-i$ 步」的話又是如何呢？

 「向東前進 i 步」表示「向北走 1 步」，而「向東前進 $-i$ 步」則為「向南走 1 步」對吧！但這樣好像無法比較大小耶……

 沒錯！在這裡大小無法比較。也就是「無法決定 i 和 $-i$ 之大小」的意思。由此可證明，要在所有複數之間成立一般的大小關係是不可能的喔！

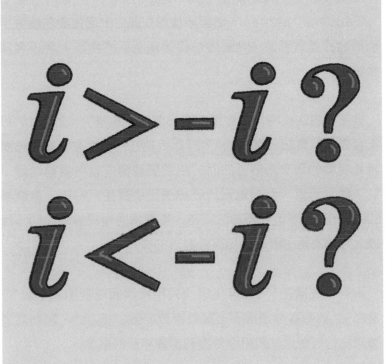

高斯平面的發現者

在第56～57頁介紹的複數平面，也稱為「高斯平面」（Gaussian plane）。然而，據說在歷史上最先發表複數平面概念的是韋塞爾，他出生於丹麥統治下的挪威，是一名測量技師。

韋塞爾將現代稱為複數平面的概念統整為論文，並於1799年發表。其實在 2 年前的1797年，他在丹麥皇家科學院已發表過相同的論文內容。然而，由於這些發表以丹麥語進行，並未廣泛流傳，而被埋沒於歷史洪流中長達100年。韋賽爾的論文在1899年被譯為法語時，複數平面早已廣為人知，且被大眾認為是由阿爾甘和高斯發現的概念。

不過，高斯在1796年發現「只用尺與圓規便能繪製正17邊形」。此形狀必須用到複數及複數平面才能完成，因此高斯被認為有可能比韋賽爾更早發現複數平面的概念。

韋塞爾（1745～1818）

8 用「複數平面」來尋寶

加莫夫問題

　　在數學的領域中，有一個需要利用複數平面才能解答的有趣問題。我們稱之為「加莫夫問題」（Gamow's problem）。接下來請準備好紙跟筆，一起來挑戰這個問題吧！

　　在某座無人島中，埋藏著寶藏。而標示寶藏地點的古文獻上，記載著下列內容：

　　「在島上，有一座處決背叛者的斷頭台、一棵橡樹以及一棵松樹。首先，先站在斷頭台前，朝橡樹數著步數直走。碰到橡樹後，向右轉一個直角，繼續走跟剛剛同樣的步數後釘第一根木樁。接著回到斷頭台，這次朝松樹數著步數直走。碰到松樹後，向左轉一個直角，繼續走跟剛剛同樣的步數後釘第二根木樁。寶藏就埋在第一根木樁跟第二根木樁的中間點。」

只要知道虛數，就能找到寶藏

　　有位年輕人拿到了這份古文獻，啟程前往無人島，但卻找不到斷頭台。然而，如果這位年輕人了解虛數的話，就能發現寶藏了。那麼寶藏到底藏在何處呢？

寶藏在哪裡？

這是名為「加莫夫問題」的藏寶之謎。標示在地圖上的
斷頭台，就算實際前往島上也無法發現。寶藏到底在哪
裡呢？

提示
將地圖當作複數平面來看，則松樹的位置為「實數 1」，橡樹的位置為「實
數－1」，然後再透過計算求出寶藏所在地點對應的複數即可。我們只需用第
62～63頁介紹的「複數的加法、減法」，以及第70～71頁介紹的「i 的乘
法」就能找出答案。

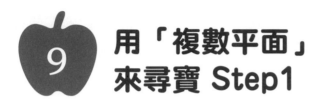

用「複數平面」來尋寶 Step1

設定複數平面

　　本章節為加莫夫問題的解答篇。首先，一起來設定解題用的舞台──複數平面吧！

①首先，畫出通過橡樹與松樹兩個點的直線，把此線當作實數軸。

②橡樹與松樹之間取中間點，設此點為複數平面的原點。然後畫出通過原點，與實數軸垂直的直線，把此線當作虛數軸。如此一來，複數平面就完成了。

放置松樹、橡樹以及斷頭台

　　接著，按照以下的順序，決定松樹、橡樹以及起點的座標。

③將松樹的座標設為實數 1，橡樹的座標設為實數 −1。

④因起點（斷頭台）位置不明，先暫時將其當作複數S，並隨意放在任一位置。

　　如右圖所示，解題的舞台準備好了。下一章節將繼續進行 Step2。

製作複數平面

仔細閱讀古文獻，將其內容以複數平面呈現是解題的第
1 步。把位置不明的起點（斷頭台）當作複數S，並放在
任一位置。

古文獻所標示的寶藏位置
在島上，有一座處決背叛者的斷頭台、一棵橡
樹以及一棵松樹。首先，先站在斷頭台前，朝
橡樹數著步數直走。碰到橡樹後，向右轉一個
直角，繼續走跟剛剛同樣的步數後釘第一根木
椿。接著回到斷頭台，這次朝松樹數著步數直
走。碰到松樹後，向左轉一個直角，繼續走跟
剛剛同樣的步數後釘第二根木椿。寶藏就埋在
第一根木椿跟第二根木椿的中間點。

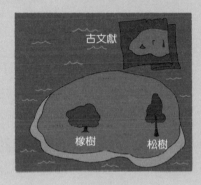

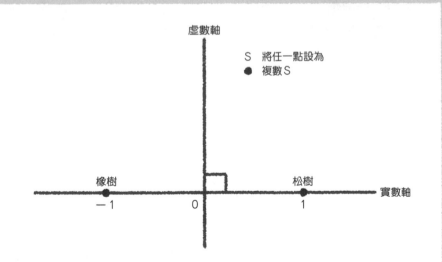

91

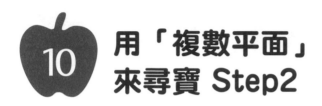

10 用「複數平面」來尋寶 Step2

用複數表示第一根木樁的位置

先把第一根木樁設為K_1，第二根木樁設為K_2。接著再用S點表示K_1和K_2吧！

①「從S到橡樹的箭頭」等於「從-1扣掉S」，因此可寫為（$-1-S$）。而「從橡樹到K_1的箭頭」則是把「從S到橡樹的箭頭」之起點S平行移動至橡樹，再往順時針方向旋轉90度即可完成。箭頭在平行移動後仍是相同的箭頭。因此，「從橡樹到K_1的箭頭」即為複數（$-1-S$）$\times$（$-i$）。由於K_1是（從0到S的箭頭）+（從S到橡樹的箭頭）+（從橡樹到K_1的箭頭），因此$K_1=S+(-1-S)+(-1-S)\times(-i)=-1+i+iS$。

用複數表示第二根木樁的位置

②「從S到松樹的箭頭」同樣可寫成複數（$1-S$）。而「從松樹到K_2的箭頭」則是把「從S到松樹的箭頭」之起點S平行移動至松樹，再往逆時針方向旋轉90度即可完成。此箭頭能以複數（$1-S$）$\times i$表示。因此$K_2=S+(1-S)+(1-S)\times i=1+i-iS$。

在下一章節的Step3中，終於要來尋求寶藏的埋藏地點。

釘木樁位置的複數是多少？

在複數平面上，進行加法及 i 的乘法運算，利用S表示兩根木樁的位置。

古文獻所標示的寶藏位置
在島上，有一座處決背叛者的斷頭台、一棵橡樹以及一棵松樹。首先，先站在斷頭台前，朝橡樹數著步數直走。碰到橡樹後，向右轉一個直角，繼續走跟剛剛同樣的步數後釘第一根木樁。接著回到斷頭台，這次朝松樹數著步數直走。碰到松樹後，向左轉一個直角，繼續走跟剛剛同樣的步數後釘第二根木樁。寶藏就埋在第一根木樁跟第二根木樁的中間點。

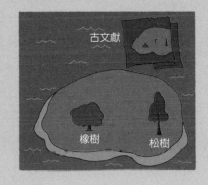

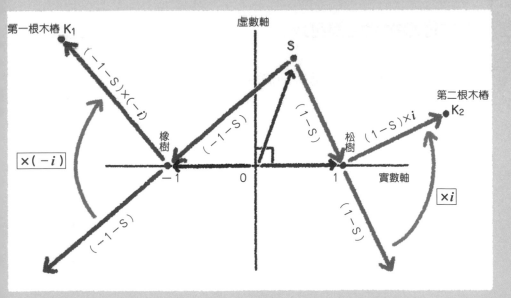

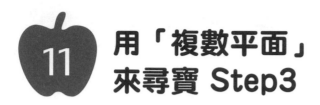

用「複數平面」
來尋寶 Step3

用複數表示寶藏的所在位置

寶藏的所在位置是「第一根木樁與第二根木樁的中間點」，我們用複數 $(K_1 + K_2) \div 2$ 表示。因為 $K_1 = -1 + i + iS$，$K_2 = 1 + i - iS$，所以 $(K_1 + K_2) \div 2 = (2i) \div 2 = i$。由此可知，「虛數單位 i 的位置」就是藏寶地點。「從松樹往橡樹前進至中間點後直角右轉，再走相同步數至中間點」後挖掘便能找到寶藏。

起點從哪裡開始都可以

解題後我們可知，運算到最後複數 S 會消失，因此不論起點在哪都與寶藏的地點沒有任何關係。不管年輕人在島上何處，只要從他所站之處開始依照古文獻的指示走，就能找到寶藏。

虛數單位 i 就是藏寶地點

寶藏埋藏於第一根木樁及第二根木樁的中間點。所以用
複數（$K_1 + K_2$）÷ 2 來表示。我們由此可算出「虛數單
位 i」的位置就是藏寶地點。

古文獻所標示的寶藏位置
在島上，有一座處決背叛者的斷頭台、一棵橡
樹以及一棵松樹。首先，先站在斷頭台前，朝
橡樹數著步數直走。碰到橡樹後，向右轉一個
直角，繼續走跟剛剛同樣的步數後釘第一根木
樁。接著回到斷頭台，這次朝松樹數著步數直
走。碰到松樹後，向左轉一個直角，繼續走跟
剛剛同樣的步數後釘第二根木樁。寶藏就埋在
第一根木樁跟第二根木樁的中間點。

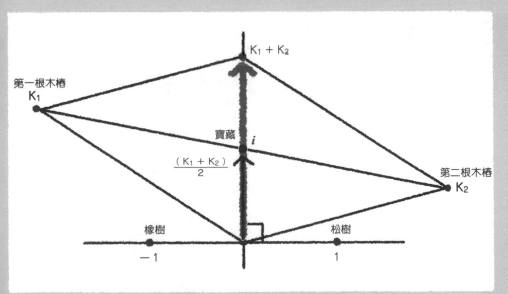

按鈕在哪裡？

　　酒井與伊東是某所高中的學生，放學途中經過了一間古老洋房。

酒井：我之前就很在意這間房子了。一起進去偷看一下啦！

伊東：欸……這樣沒問題嗎？

　　於是兩人悄悄進入。突然間大門自行關上，兩人便被鎖在房子裡。

伊東：那邊的牆壁上好像有文字！

Q1

祕密按鈕到底在哪裡呢？

酒井：嗯？什麼？「由 0，2，2+2i，2i組成的正方形乘以
　　　4＋4i後，其中心點藏有開門的按鈕。」這是什麼意
　　　思啊？

伊東：這不就是複數與複數平面的問題嗎？

酒井：呼！還好有你在啊！

　　兩人仔細一看，發現地板磁磚呈方格狀而且有一個標示為
「0」的地方。

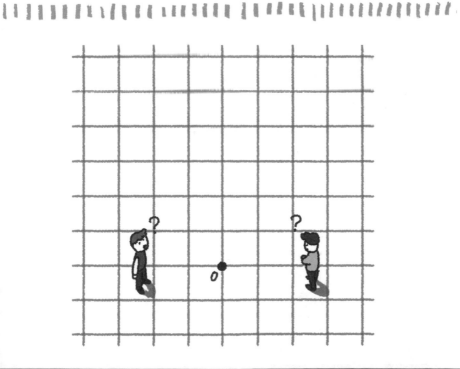

順利脫困！

伊東：若以地板上的「0 為原點，磁磚的方格為座標」來
思考的話，那麼「由 0、2、2 + 2i，2i 組成的正方
形」就是……欸！酒井！幫我把那邊的三個花瓶拿
過來！

酒井按照伊東指示，把花瓶放在「2，2 + 2i，2i」各處
（如下圖所示）。

其次，將花瓶所在的三點各乘以「4 + 4i」進行運算。

A1

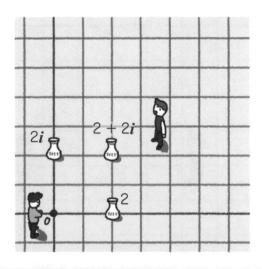

$$2 \times (4+4i) = 8+8i$$
$$(2+2i) \times (4+4i) = 2 \times (4+4i) + 2i \times (4+4i)$$
$$= 8+8i \ -8 + 8i = 16i$$
$$2i \times (4+4i) = -8 + 8i$$

　計算結束後再移動各個花瓶，即可發現中心點位於$8i$的位置（如下圖所示）。

酒井：找到按鈕了！我們終於可以出去囉！

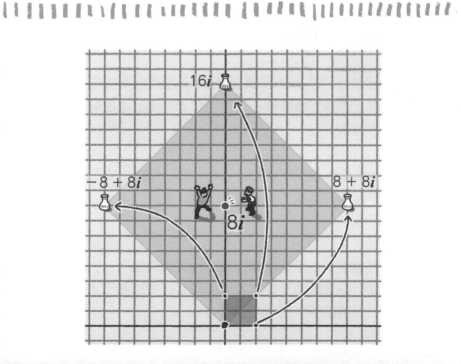

所謂的第二虛數是不存在的嗎？

 虛數是16世紀時創造出來的吧！那之後沒有出現像是「第二虛數」之類更加新穎的數嗎？

 當然有囉！哈密頓（William Rowan Hamilton，1805～1865）是出生於愛爾蘭的數學家兼物理學家，他在19世紀便成功創造出「四元數」（quaternion）喔！

 那是什麼樣的數啊？

 那個啊，就是 1 個實數加上 3 個虛數所構成的新數啦！因為這個新數由哈密頓發現，因此也被稱為「哈密頓數」喔！

 通常虛數都是用 i 表示對吧！那四元數中的 3 個虛數是怎樣表示呢？

 那三個虛數分別用 i，j，k 表示喔！不過其實只要有複數，就足夠解開所有方程式的問題了。但就算如此，四元數還是經常被應用在粒子物理學及人工衛星的姿態控制系統等方面呢！

哈密頓（1805～1865）

才華洋溢的高斯

高斯的父親是勞工，母親幾乎不識字

然而，他從小就展現了在計算方面的傑出能力

3歲時指出父親計算薪水時的錯誤

小學時瞬間算出1＋2＋3…100的答案

答案是5050！

大學時代提出只用尺和圓規畫出正17邊形的方法

這是在正5邊形製圖法被發現以來，睽違2千年的質數多邊形製圖法

當朋友告訴母親：「你兒子應該會成為歐洲最強的數學家吧！」母親不禁喜極而泣

母親雖然沒有受過教育但非常聰慧，高斯認為自己的才能是來自於母親的遺傳

計算星體的出現時刻

在1801年左右

科學家發現了只能在短時間內看到的星體

24歲的高斯，計算星體的運行軌道

原來用8次方程式就能解開了啊！

眾多的天文學家對高斯的做法置之不理，但就在他所預測的時刻，那顆星體出現了！

看吧！它出現了！

其功績因此被眾人認同，而成為天文台台長

高斯直到離世都未曾離開天文台。然而，他對於力學、統計學、電磁學等各領域，都有著相當濃厚的興趣

母親直到97歲辭世之前，也跟著他一起在天文台生活

4. 現代科學與虛數

卡當諾對於自己發明的虛數，抱持著無法實際運用的想法。然而，虛數卻是現代科學技術中不可欠缺的一部分。在第 4 章中，我們將探討現代科學與虛數的關係。並介紹由虛數誕生的「全世界最美算式」。

探索微觀世界的「量子力學」

不能缺少虛數的物理理論「量子力學」問世

虛數在解開自然界法則的物理學世界中有著精彩表現。

雖然如此，不是所有的物理理論都需要虛數。像是牛頓發明的「牛頓運動定律」，馬克士威（James Clerk Maxwell，1831～1879）確立的「電磁學」，虛數並非必要。愛因斯坦發表的「狹義相對論」及「廣義相對論」也是不需要虛數亦可成立的理論。**然而在此之後，不能缺少虛數的物理理論終於登場，那就是「量子力學」。**

虛數單位 i 出現在方程式的開頭

所謂的量子力學（quantum mechanics），是指控制原子或電子行為等肉眼無法看見的微觀世界現象之法則。在微觀世界中，物質與光同時具有粒子與波的性質（如右頁圖1）。此外，在微觀世界中，看似空無一物的真空裡，物質其實是瞬間生成又消滅的狀態（2）。並且一個物質可同時存在於多個場所（3），物質甚至還能穿過牆壁（4）。

代表量子力學基礎的方程式，是由奧地利物理學家薛丁格所創的「薛丁格方程式」。在此方程式中，我們可以看到一開頭就出現虛數單位 i。

「量子力學」的世界

由量子力學控制的微觀世界中，物質與光同時具有粒子與波的性質（1）；在真空裡物質生成又消滅（2）；物質同時存在於多個場所（3）；還能穿越牆壁（4）。

1. 粒子與波的二象性

以光為例，將粒子與波的二象性用黑白棋的棋子來表現。

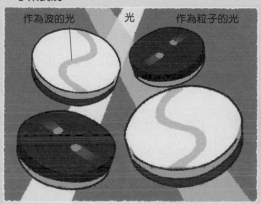

作為波的光　　光　　作為粒子的光

2. 以微觀視角觀察的真空

真空並不是空無一物的世界，而是物質呈現瞬間生成又消滅的狀態。

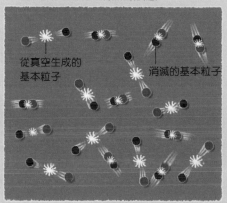

從真空生成的基本粒子　　　　　　消滅的基本粒子

3. 狀態並存

電子在右方與在左方的狀態是並存的。

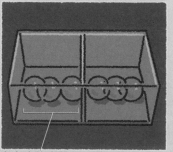

在左方的空間中，電子在各個位置的狀態也是並存的。

4. 能穿牆的微粒物質（穿隧效應）

微觀物質會穿牆而過。

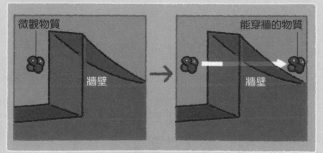

微觀物質　　　　　　　　能穿牆的物質

牆壁　　　→　　　牆壁

2 沒有虛數，便無法說明電子行為

透過計算可知在哪裡能容易發現電子

　　氫原子（H）是最單純的原子，由 1 個質子和 1 個電子構成。**雖然我們常看到的說明是「氫原子的中心有質子，電子在其周圍轉動」，但實際上是「電子雲」（electron cloud）環繞在質子周圍。**根據量子力學，沒有經過觀測是無法準確測定電子所在的位置（測不準原理，uncertainty principle）。但

靠虛數找出電子

沒有觀測就無法知道電子所在的位置。然而透過計算可知「在哪些地方容易發現電子」。薛丁格方程式實現了這個方法。

薛丁格
（1887～1961）

虛數單位

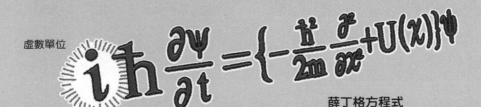

薛丁格方程式

108

相反地，透過計算，我們就可以知道「在哪些地方容易發現電子」。

計算過程中必然包含虛數及複數

如果想具體知道「電子離質子有多遠」，可以利用薛丁格方程式求解。而計算後所得到的答案必然包含虛數及複數。**量子力學可說是以虛數及複數之存在為前提而成立的物理學理論。**

量子力學是現代科學技術及工程學的基礎。若沒有量子力學，也就沒有行動電話及電腦；若沒有虛數及複數，人類也無法建立起今日的文明。

含有氫原子的電子所在位置
（利用粒子的密度表示發現機率的分布）

氫原子

宇宙初始時，物理法則是不成立的？

解開「宇宙膨脹」之謎

虛數也許跟宇宙創始有所關連。

愛因斯坦在廣義相對論中，闡明空間能伸縮自如。而俄羅斯科學家傅里德曼（Alexander Friedmann，1888～1925）將廣義相對論套用在宇宙上，主張宇宙也能膨脹或收縮。**1929年美國天文學家哈伯（Edwin Hubble，1889～1953）利用望遠鏡觀測，證實「宇宙膨脹」理論。**

虛數在關於宇宙創始的假說中登場

此後，在過了20世紀才發展的「宇宙學」（cosmology）中，以下的說法如今受到廣泛的支持：「我們所處的宇宙每天都在膨脹。這意味著，遠古的宇宙原本只是非常狹小的領域。而根據最新的觀測結果，一般認為這個宇宙約在138億年前誕生。」宇宙初始究竟是什麼樣的情況？**由史上最強物理學家好不容易建立出的假說中，「虛數」又再度登場。**

也在宇宙學中登場的虛數

一般認為我們身處的這個宇宙在138億年前誕生，之後便持續膨脹擴大。關於宇宙初始的最新假說，依然跟虛數有關。

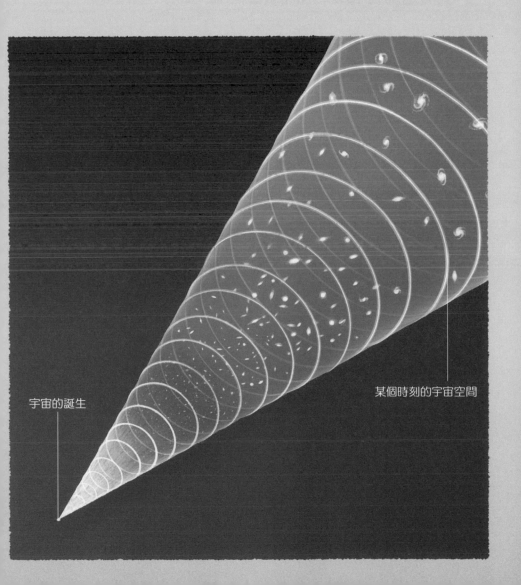

宇宙的誕生

某個時刻的宇宙空間

4 在宇宙誕生之際，可能流動著虛數時間

宇宙初始能用物理學來說明嗎？

　　無法觀測的「宇宙初始」，是否能用物理學來說明呢？挑戰這個深奧謎題的是英國物理學家霍金（Stephen William Hawking，1942～2018）。霍金在1960年代與物理學家潘羅斯（Roger Penrose，1931～）共同證明了名為「奇異點定理」（singularity theorems）的理論。**這個定理中提到，若追溯宇宙整體的歷史，整個宇宙將面臨崩壞，現有的物理法可能無法成立。**在此條件下，在學術上針對宇宙初始無法繼續進行議論。

若假設虛數時間曾經存在，即使是終極難題也能求解

　　於是霍金主張，若在某個階段從實數時間轉換為虛數時間，宇宙初始將不再是奇異點，物理法則也會因此成立。雖然目前沒有方法能夠證明其真相到底為何，但重要的是，「只要想像虛數時間是曾經存在的，就算是終極難題也能獲得解答」，這正是虛數所擁有的威力。

宇宙的誕生也跟虛數有關？

對於「宇宙初始」的終極難題，虛數賦予了新的思考方法。霍金發現如果以虛數時間曾經存在的觀點來思考，便能迴避奇異點的問題。

霍金
（1942～2018）

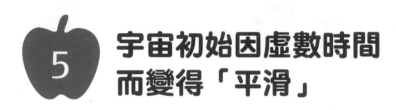

宇宙初始因虛數時間而變得「平滑」

以思考虛數時間為依據的「從無到有的宇宙誕生論」

美國塔夫斯大學的維連金（Alexander Vilenkin，1949～）認為宇宙是從沒有空間和時間的「無」所誕生的。並於1982年發表了假說——「從無到有的宇宙誕生論」。這個假說是以思考虛數時間為依據，從無的波動所誕生的「宇宙種子」，若要成長到能開始急速膨脹的尺寸，必須要有龐大的能量。然而，為了轉換成急速膨脹狀態而所需的能量山峰原本是無法跨越的，**但若是假設虛數時間曾經流動，能量山峰會轉變為峽谷，宇宙種子便能跨越。**

若虛數時間流動則奇異點將消失無蹤

另一方面，霍金與哈特爾（James Hartle，1939～）於1983年共同發表「無邊界假說」（no-boundary proposal），假設宇宙初始時流動著虛數時間，那麼時間與空間將成為對等的關係，兩者的差異便無法區別。**藉此效果，宇宙初始將不再是任何特殊的點，也不會成為破壞廣義相對論的「奇異點」（尖狀點），也就是說宇宙的初始樣貌將變得平滑。以上就是兩人所主張的無邊界論。**

宇宙初始變得平滑

假設宇宙初始時流動著虛數時間，時間與空間的區別將
消失殆盡，宇宙也將因此變得「平滑」。霍金博士依據此
概念發表了「無邊界論」。

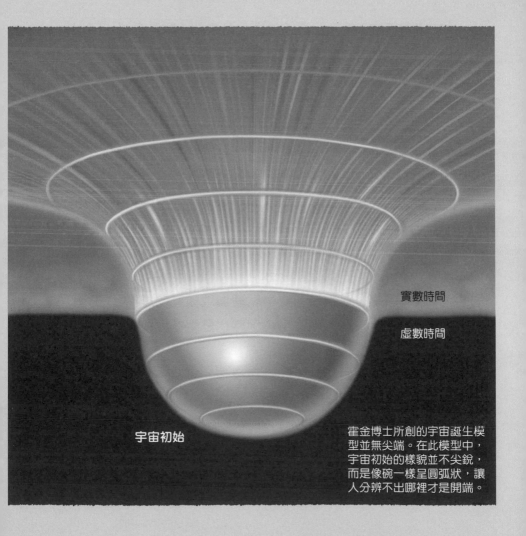

實數時間

虛數時間

宇宙初始

霍金博士所創的宇宙誕生模
型並無尖端。在此模型中，
宇宙初始的樣貌並不尖銳，
而是像碗一樣呈圓弧狀，讓
人分辨不出哪裡才是開端。

6 結合虛數與波的「歐拉公式」

在歐拉公式中，可發現指數函數與三角函數聯袂登場

在本章節中，將介紹活躍於現代社會的「歐拉公式」（Euler's formula）。所謂的歐拉公式，就是「$e^{ix}=\cos x+ i \sin x$」，虛數 i 也出現於其中。此公式非常適用於研究調查自然界中的各種波。

若使用歐拉公式，問題就變得簡單

在歐拉公式中，指數函數（e^x）與$\sin x$，$\cos x$藉由虛數 i 互相產生關聯。$\sin x$與$\cos x$也稱為三角函數（trigonometric function）。如右頁之圖所示，$y=\sin x$及$y=\cos x$的圖形皆為波狀。因此，在數學領域中處理波或振動問題時，三角函數是不可或缺的工具。不過三角函數也是相當麻煩不易處理的函數。

相較之下，指數函數比較容易操作。因此，若利用歐拉公式以指數函數取代三角函數的話，許多問題將變得簡單。

如今，對科學家與工程師來說，使用歐拉公式已是家常便飯，他們靈活運用虛數，答案均能信手拈來。

結合虛數與波的公式

在歐拉公式中，可發現三角函數的 $\sin x$、$\cos x$ 同時登場。$y = \sin x$ 及 $y = \cos x$ 的圖形皆為波狀。因此在處理自然界中各種波的問題時，三角函數是不可或缺的。只要利用歐拉公式，波的問題也就能迎刃而解。

| 歐拉公式 | $e^{ix} = \cos x + i\sin x$ |

$y = \sin x$ 的圖形

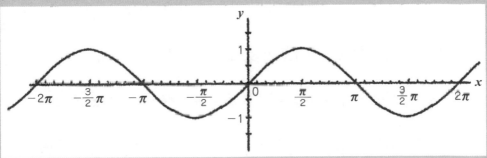

$y = \cos x$ 的圖形

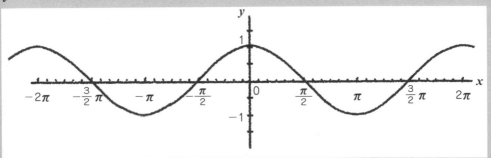

若想解析波與波動，絕對不能缺少歐拉公式

歐拉致力於研究「無窮級數」

歐拉究竟是如何發現歐拉公式的呢？

歐拉非常熱衷於研究「無窮級數」（infinite series）。所謂的無窮級數，是指像「1^2，2^2，3^2，4^2，5^2……」有規則而無限持續的數列全部相加後所得的答案。

用無窮級數表示指數函數及三角函數

歐拉發現可以用無窮級數來表示指數函數（e^x）及三角函數 $\sin x$，$\cos x$ 等數。歐拉更進一步地將「ix（x 的虛數倍）」代入指數函數 e^x 的 x，也就是施展 e 的「虛數次方」魔法，讓這些函數之間產生明確的關連（如右頁）。

於是藉著已完成的歐拉公式，我們可以看見在實數世界中毫無關聯的指數函數和三角函數，到了包含虛數的複數世界中卻擁有強大的連結。

導出歐拉公式

指數函數 e^x 和三角函數 $\sin x$、$\cos x$，皆能以無窮級數表現（如白線上方所示）。因此先將 e^x 用無窮級數表示，然後再把 ix 代入 e^x 的 x 當中。如此一來就能導出 $e^{ix} = \cos x + i \sin x$。

指數函數　$e^x = 1 + \dfrac{x}{1!} + \dfrac{x^2}{2!} + \dfrac{x^3}{3!} + \dfrac{x^4}{4!} + \cdots$

三角函數　$\sin x = \dfrac{x}{1!} - \dfrac{x^3}{3!} + \dfrac{x^5}{5!} - \dfrac{x^7}{7!} + \cdots$

三角函數　$\cos x = 1 - \dfrac{x^2}{2!} + \dfrac{x^4}{4!} - \dfrac{x^6}{6!} + \dfrac{x^8}{8!} - \cdots$

把「ix（x 的虛數倍）」代入指數函數 e^x 的 x 當中，

$$e^{ix} = 1 + \frac{ix}{1!} + \frac{(ix)^2}{2!} + \frac{(ix)^3}{3!} + \frac{(ix)^4}{4!} + \frac{(ix)^5}{5!} + \cdots$$

$$= 1 + \frac{ix}{1!} - \frac{x^2}{2!} - \frac{ix^3}{3!} + \frac{x^4}{4!} + \frac{ix^5}{5!} + \cdots$$

$$= \left(1 - \frac{x^2}{2!} + \frac{x^4}{4!} + \cdots \right)$$

$$+ i\left(\frac{x}{1!} - \frac{x^3}{3!} + \frac{x^5}{5!} + \cdots \right)$$

由此可知，實數部分（灰色）與 $\cos x$ 相等，虛數部分（粉紅色）與 $\sin x$ 相等。故，

$$e^{ix} = \cos x + i \sin x$$

全世界最美算式「歐拉恆等式」

從歐拉公式誕生的全世界最美算式

讓我們重新來看看歐拉公式「$e^{ix}=\cos x+i\sin x$」吧！此公式展現了一個驚人事實：起源與圖形皆不同的指數函數與三角函數，以 i 為橋樑而相互產生連結。此外，歐拉更是從歐拉公式中，引導出被譽為全世界最美的算式「歐拉恆等式」。

試將圓周率 π 代入歐拉公式計算

試著將圓周率 π 代入歐拉公式中的 x，可知 $\cos\pi=\cos 180°=-1$，$\sin\pi=\sin 180°=0$。由此可得「$e^{i\pi}=-1$」。再將兩邊分別加 1，則可得「$e^{i\pi}+1=0$」此項算式便是歐拉等式。

歐拉闡明了「指數函數和三角函數」以及「e、i 和 π」等看似毫無關聯的函數與數之間所隱藏的關聯性。對於此神祕又不可思議的關係，許多科學家與數學家都感受到其中之「美」。

導出歐拉等式

從歐拉公式能導出被譽為全世界最美算式的「歐拉恆等式」。將 π 代入歐拉公式中的 x，如此一來便能導出歐拉恆等式 $e^{i\pi}+1=0$。

$$e^{ix} = \cos x + i\sin x \quad \cdots\cdots \boxed{\text{歐拉公式}}$$

「$x=\pi$」代入歐拉公式

$$e^{i\pi} = \cos \pi + i\sin \pi$$

$$= -1 + i \times 0$$

$$= -1$$

得出

$$e^{i\pi} + 1 = 0 \quad \cdots\cdots \boxed{\text{歐拉恆等式}}$$

為什麼虛數跟自然界有關呢？

 為什麼自然界中不可能存在的虛數，會出現在描述自然界與現實世界的物理學中呢？

 這的確令人匪夷所思啊！不過，這種現象也不僅限於虛數上喔！

 嗯？這到底是怎麼一回事啊？

 比如說，自然界實際存在「－3顆蘋果」嗎？或是有「0公斤的金塊」嗎？

 喔…這些的確都不存在呢……

 不只虛數，負數和 0 雖然無法用來表示物品的個數或數量，但都是必要的存在。歸根究柢，所有的數都是人類為了描述自然界現象而在腦中創造的概念，是一種語言哦。而物理學就只是借用名為數學的語言，來描寫出現於自然界中的法則啊！

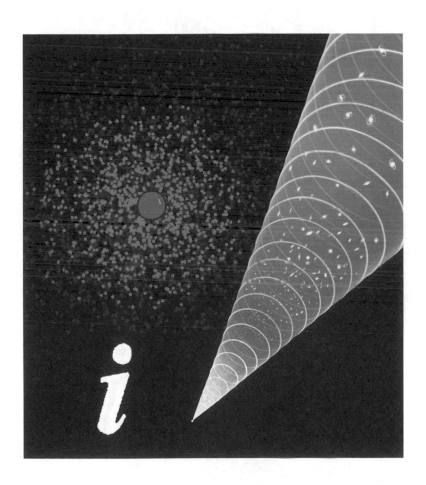

薛丁格的小孩

薛丁格在少年時期不只喜歡自然科學，也對語言學、詩集及印度哲學等各種領域有濃厚的興趣。

特別是印度哲學影響了物理學的思考方式。

他在大學時期專攻物理學。於1925年提倡波動力學，並建立了量子力學的基礎。

在1933年獲得諾貝爾物理學獎

他對於生命也有所關心，其研究考察關係到之後的分子生物學

我用物理學的方式來探討生命

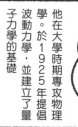

在私生活方面，他蔑視婚姻制度，並與妻子以外的女性生了3個小孩！

我的自傳中沒有提到這件事情啦！

薛丁格的貓

因為是想像的實驗，實際上貓沒有受傷喔！

1935年薛丁格發表了一個名為「薛丁格的貓」的想像實驗

這個實驗顯示了被關在裝置裡的貓『是活也是死』的矛盾，他打算用來揭開當時量子論的破綻

然而，這個實驗卻衍生各式各樣的說法，反而促進了量子力學的發展

薛丁格先生，你實在太優秀了！

愛因斯坦也對此讚譽有加

矛盾看起來將會消失，真是太好了喵！

現在，實現此矛盾狀態的相關研究有很大的進展，已成為開發量子電腦不可或缺的一部分

Galileo

觀念伽利略01 生活中的基礎化學

化學

2021 年 8 月出版／定價：320 元／翻譯：林筑茵／
ISBN：978-986-461-253-6

大家聽到學校教過的週期表上的原子、元素與分子，或是離子鍵、有機物……，可能都覺得跟自己無關，只是考試會考罷了，那個世界好像離自己很遙遠。若你真的這麼想，那就錯了。

化學是一門闡明物質的構造與性質的學問。其研究成果，在我們的生活周遭四處可見。例如每天都會用到的手機、便利商店的塑膠袋，甚至是藥品，舉凡生活中用到的東西，大致上都潛藏著許多化學原理，也就是說，我們的生活是由化學所建立的。

本書搭配四格漫畫及簡單插圖，用更輕鬆的方式引領學生學習，適合剛接觸的國高中生，也適合想要重溫的大人，敬請期待。

原來化學這麼厲害！

Galileo
觀念伽利略02
118種元素圖鑑！
週期表

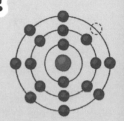

2021 年 8 月出版／定價：320 元／翻譯：林筑茵／
ISBN：978-986-461-254-3

從門得列夫於1869年發布週期表至今，大約過了150年，週期表填上了許多新的元素，但仍無出其右，可見門得列夫為此奠立了相當厚實的基礎。而想要學好化學，就要先了解化學的根本——元素的特性。本書先介紹週期表的由來，以及原子的構造等基礎知識，先讓讀者了解怎麼解讀週期表後，再依序介紹每個元素的特徵及用途，週期表不再只是冷冰冰的數字與符號，而可以實際感受到，化學就在我們生活周遭。

本書穿插四格漫畫及插圖，以輕鬆的方式讓學生能輕鬆入本，一起來快樂學118種元素吧！

一起來學週期表吧！

【 觀念伽利略 03 】

虛數
完整數的世界

作者／日本Newton Press
編輯顧問／吳家恆
特約主編／王原賢
翻譯／林園芝
編輯／林庭安
商標設計／吉松薛爾
發行人／周元白
出版者／人人出版股份有限公司
地址／231028 新北市新店區寶橋路235巷6弄6號7樓
電話／（02）2918-3366（代表號）
傳真／（02）2914-0000
網址／www.jjp.com.tw
郵政劃撥帳號／16402311 人人出版股份有限公司
製版印刷／長城製版印刷股份有限公司
電話／（02）2918-3366（代表號）
經銷商／聯合發行股份有限公司
電話／（02）2917-8022
第一版第一刷／2021年9月
定價／新台幣320元
　　　港幣107元

國家圖書館出版品預行編目（CIP）資料

虛數：完整數的世界 / 日本Newton Press作；
林園芝翻譯. -- 第一版. --
新北市：人人出版股份有限公司, 2021.09
面； 公分. —（觀念伽利略；3）
ISBN 978-986-461-257-4（平裝）
1.數學教育 2.中等教育

524.32   110012242

NEWTON SHIKI CHO ZUKAI SAIKYO NI
OMOSHIROI!! KYOSU
©Newton Press 2020
Chinese translation rights in complex
characters arranged with Newton Press
through Japan UNI Agency, Inc., Tokyo
Chinese translation copyright © 2021 by Jen
Jen Publishing Co., Ltd.
www.newtonpress.co.jp
●著作權所有・翻印必究●

Staff

Editorial Management	木村直之
Editorial Staff	井手 亮
Cover Design	岩本陽一
Editorial Cooperation	株式会社 美和企画（大塚健太郎, 笹原依子）・青木美加子・今村幸介・寺田千恵

Illustration

表紙	羽田野乃花	107	Newton Press
3~13	羽田野乃花	109	小崎哲太郎さんのイラストを
15~23	Newton Press, 羽田野乃花		もとに羽田野乃花が作成,
25~27	羽田野乃花		Newton Press
29	小崎哲太郎さんのイラストを	111	吉原成行さんのイラストを
	もとに羽田野乃花が作成,		もとに羽田野乃花が作成
	NewtonPress	115	門馬朝久さんのイラストを
31~41	羽田野乃花		もとに羽田野乃花が作成
43~47	小崎哲太郎さんのイラストを	117	Newton Press
	もとに羽田野乃花が作成,	119~121	羽田野乃花
	Newton Press	123	Newton Press
48	羽田野乃花	124~125	羽田野乃花
52-53	Newton Press, 羽田野乃花		
54~63	Newton Press		
65	羽田野乃花		
68~77	Newton Press		
79	羽田野乃花		
81	Newton Press		
82-83	Newton Press, 羽田野乃花		
85~95	Newton Press		
96~103	羽田野乃花		